Jackie Kennedy

Una guía fascinante de la vida de Jacqueline Kennedy Onassis

Tabla de contenido

Introducción

Sin duda, el nombre *Jackie Kennedy* atrae a la mente muchos pensamientos; ella es, quizás, más conocida por su función como primera dama de los Estados Unidos cuando su esposo, John F. Kennedy, asumió el cargo como presidente, y por su papel en la restauración de la Casa Blanca. Además, por supuesto, muchas personas recuerdan a Jacqueline por su influencia en la industria de la moda, en particular, su vestido rosado de Chanel y su sombrero pillbox, que se convirtieron en los símbolos del asesinato de su marido. Jackie es tan famosa y querida que es considerada como una de las primeras damas más populares. De hecho, en 1999, Jacqueline fue incluida en la lista Gallup de los hombres y mujeres más admirados en Estados Unidos en el siglo XX. Si bien ejerció su mayor influencia en la Casa Blanca, Jackie fue mucho más que su título de primera dama.

Antes que todo, fue madre. Y no solo eso, sino que además fue una madre en el foco de atención en la década de los 60. La gente se apresuraba para preguntarle sobre sus ideas acerca de varios aspectos de la maternidad y su oficio como esposa en la Casa Blanca. En realidad, la familia era privilegiada pero no muy diferente de otras de su misma posición económica. Tiempo después, su hijo dijo: "Es difícil hablar de un legado o de una leyenda. Son mi familia. Mi madre. Mi Hermana. Mi padre. Somos una familia como cualquier otra. Nos cuidamos el uno al otro. El hecho de que haya habido dificultades y sufrimientos, u obstáculos, nos acerca más".[i]

Jackie mantuvo un estricto control de sus tareas en su vida personal y en el gobierno. John F. Kennedy llegó al extremo de decir que su esposa era el motivo por el que él había ganado la reelección en el senado. De alguna manera, ella era al mismo tiempo carismática y tímida, lo cual atraía a una amplia variedad de personas. El historiador Arthur M. Schlesinger visitó el complejo Kennedy en Hyannis Port en julio de 1959 y dijo que se había dado cuenta de que Jacqueline tenía una "enorme sagacidad, un ojo para todo y un juicio implacable".[ii]

Jackie mantuvo a la gente al margen y los medios nunca supieron con seguridad qué esperar de ella ni durante la presidencia de su esposo, ni fuera de esta. Ella era el polo opuesto de las primeras damas Eleanor Roosevelt y Hillary Rodham Clinton en lo referente a su participación en la presidencia y las políticas de su esposo. De hecho, ella desconcertó a los nuevos reporteros cuando admitió que ni siquiera sabía la fecha de posesión de su esposo. Cuando le preguntaron cuál creía que sería el lugar apropiado para la siguiente convención demócrata, Jacqueline respondió: "Acapulco". Sin embargo, esta faceta de su personalidad se debía probablemente a su aversión a los medios. Ella sentía que no tenía la necesidad de alardear de sus conocimientos o de su familia delante de las cámaras y solía preferir mantenerse al margen en lugar de participar, mientras que, por el contrario, a su esposo le encantaba interactuar con la prensa y lo hacía con más frecuencia de la que a ella le hubiera gustado.

Aunque a veces parecía un poco fuera de lugar, Jackie no estaba desentendida de las responsabilidades de su esposo en la esfera política. Más bien, fue primera dama en una época en la que a muchos ciudadanos estadounidenses no les gustaba la idea de que la esposa del presidente se involucrara demasiado en sus políticas. Sin embargo, cuanto más se estudia a esta particular primera dama, más conoce la sociedad estadounidense su verdadero lugar en la Casa Blanca. Al igual que muchas esposas presidenciales, Jacqueline parecía tener poca o ninguna influencia en la presidencia, pero, más allá de las apariencias, ella tenía una buena cantidad de poder. De hecho, la Biblioteca Kennedy conserva el testimonio oral de la primera dama, el cual da a conocer sus opiniones acerca de todos los miembros de la administración John F. Kennedy, opiniones que, evidentemente, compartió con su esposo. Las personas a las que ella elogiaba en su testimonio oral tendieron a ascender durante la presidencia de Kennedy y aquellas que a ella le disgustaban no ganaron mucho terreno en la Casa Blanca.

En general, Jacqueline fue una fuerza poderosa durante toda su vida, incluido el tiempo en la Casa Blanca. Ella enamoró a la sociedad y a los medios con su buen gusto para la moda y su personalidad, y le dio calor a la Casa Blanca mediante el cuidado de su gente, de su integridad estructural y de su función como un hogar para sus hijos. En definitiva, las contribuciones de Jacqueline a los Estados Unidos no pueden ser menospreciadas.

Capítulo 1: Infancia y educación inicial

Jackie nació el 28 de julio de 1929 en el Hospital de Southampton, en Southampton, Nueva York, bautizada con el nombre de Jacqueline Lee Bouvier. Su madre era Janet Norton Lee (1907 – 1989), y su padre John Vernou "Black Jack" Bouvier III (1891 – 1957). Janet Norton era de ascendencia irlandesa, mientras que la familia de John Vernou Bouvier III provenía de Francia, Escocia e Inglaterra. A los pocos días de su nacimiento, Jacqueline fue bautizada en la iglesia de San Ignacio de Loyola en Manhattan. Unos pocos años después, en 1933, la familia Bouvier recibía a un nuevo integrante, Caroline Lee Bouvier, quien después se convertiría en Caroline Lee Radziwill-Ross. Las dos hermanas fueron criadas estrictamente en la fe católica.

Desde muy pequeña, Jackie fue desarrollando su independencia e inteligencia, y esto se hacía evidente para todos los que interactuaban con ella. En una ocasión, mientras paseaba con su niñera y su hermana menor, Jackie se alejó del grupo. Cuando un oficial de policía la detuvo, preocupado al ver a una niña tan pequeña sola, ella le dijo: "parece que mi niñera y mi hermanita están perdidas", demostrando, efectivamente, que no se sentía culpable por esta situación.[iii]

Esta actitud de tomar el control la acompañaría durante toda su vida.

Jacqueline pasó gran parte de su primera infancia entre Manhattan y Lasata, la finca de los Bouvier en East Hampton, Long Island. Su padre y ella desarrollaron una relación muy cercana que solía excluir a su hermana, Lee, lo que causaba una gran desilusión en la hermana menor. John Vernou Bouvier III afirmaba que Jackie era "la hija más hermosa que un hombre hubiera podido tener".[iv]

En su infancia, al igual que muchos niños, Jacqueline se entretenía con muchos pasatiempos. Excedía todas las expectativas con su maestría en la equitación. De hecho, su madre la montó en un caballo cuando tenía solo un año de edad. A sus doce años, Jackie llevaba unos cuantos campeonatos mundiales a sus espaldas. En 1940, *The New York Times* escribió: "Jacqueline Bouvier, una amazona de once años de Easy Hampton, Long Island, obtuvo una doble victoria en la competencia de equitación. La señorita Bouvier alcanzó una inusual distinción. Son pocas las ocasiones en que un jinete joven gana ambos concursos en el mismo espectáculo".[v] Ella siguió compitiendo en el deporte con éxito y vivió como una amazona ferviente durante el resto de su vida.[vi]

Nunca dejó la equitación. Además, Jackie pasaba largas horas sumergida en los libros, tomó lecciones de ballet y desarrolló una gran pasión por aprender idiomas. El francés era su favorito y fue reforzado en su educación inicial.[vii] Esta habilidad para los idiomas le ayudó a Jacqueline cuando entró en la esfera política de su marido. Mientras que John F. Kennedy necesitaba a menudo un traductor en países extranjeros y para hablar con dignatarios de otros países, su esposa generalmente podía hablar sus idiomas con fluidez.

Incluso antes de que comenzara la escuela, la pequeña Jackie había leído todos los libros de su estantería. Amaba a Mowgli, de *El Libro de la Selva*, de Rudyard Kipling; al abuelo, de El Pequeño Lord; a Robin Hood; a Scarlett O'Hara, de Lo que el viento se llevó, y la poesía de Lord Byron. Su madre a menudo se preguntaba si haría una carrera de letras.[viii] Cerca de una navidad en su infancia, escribió el siguiente poema:

"Llega la navidad

Santa Claus se acerca

Pronto redoblarán los cascos de los renos

Fuerte y claro sobre los tejados."[ix]

Refiriéndose a la lectura en su niñez, Jackie afirmó: "Viví en la ciudad de Nueva York hasta los trece años y pasaba los veranos en el campo. Odiaba las muñecas, amaba los caballos y los perros, y tuve las rodillas raspadas y frenillos en los dientes durante lo que debe haber parecido una cantidad interminable de tiempo para mi familia. Yo leía mucho cuando era pequeña, muchas lecturas que incluso eran demasiado viejas para mí. Chéjov y Shaw se encontraban en la habitación en la que debía dormir mis siestas y yo nunca dormía sino que me sentaba a leer en el alféizar de la ventana, después me lavaba las plantas de los pies para que la niñera no se diera cuenta de que había estado fuera de la cama".[x] Jacqueline estaba ansiosa por aprender y esta sed de aprendizaje nunca se sació lo suficiente.

Después de asistir a preescolar, Jackie fue inscrita en el Chapin School, en Manhattan, en 1935. El Chapin School, un colegio diurno privado solo para mujeres, le brindó a la pequeña Jackie un espacio para aprender todo lo que necesitaba saber entre los grados primero a sexto.[xi] Aunque era muy inteligente, Jackie frecuentemente se metía en problemas en la escuela. Su profesora decía que era "una niña encantadora, la más bonita, muy inteligente, con gran sensibilidad artística y poseída por el demonio".[xii] Era una niña muy traviesa y fue llevada a la oficina de la directora, la señorita Ethel Stringfellow, muchas veces. Stringfellow escribió en su informe de calificaciones: "a Jacqueline le fue asignada una D en el informe porque su mal comportamiento en la clase de geografía hizo necesario sacarla de la sala".[xiii] Como la mayoría de los padres, la madre de Jackie excusaba el comportamiento de su hija diciendo que Jackie terminaba rápido sus tareas y el aburrimiento propiciaba que se portara mal.[xiv] Una vez, Janet Bouvier le preguntó a su hija: "¿Qué pasa cuando te llevan donde la señorita Stringfellow?" La pequeña Jackie respondió: "Pues bien, yo voy a la oficina y la señorita Stringfellow dice: 'Jacqueline, siéntese. He recibido malos reportes sobre usted'. Yo me siento y entonces la señorita Stringfellow empieza a decir un montón de cosas, pero yo no escucho". Tranquila y serena, ella se negaba a admitir su culpa.

La biógrafa Sarah Bradford dice: "Jackie era ya una rebelde, no se sometía a la disciplina del Chapin. Era más brillante que la mayoría de sus compañeras y terminaba su trabajo muy rápido, entonces se quedaba sin nada que hacer más que garabatear y soñar despierta. Todos los profesores entrevistados veinte años después por Mary Van Rensselaer Thayer la recordaban por su belleza y, sobre todo, por sus travesuras".[xv] Desde entonces, Jackie ya se estaba creando un nombre. No sería olvidada tan fácilmente.

Nada en la vida de Jackie era fácil. El padre de Jacqueline tenía fama de engañar a su esposa y de tomar mucho licor a un ritmo acelerado. Por la época en que la pequeña Jackie nació, John Bouvier ya estaba involucrado en varias aventuras amorosas. La madre de Jackie intentó darle otra oportunidad al matrimonio alentando a su esposo a centrarse en su trabajo como corredor de bolsa, lo cual, hasta el momento, no había dado resultados positivos.[xvi] Ella se resintió con su marido y pronto se dio cuenta de que quería terminar el matrimonio. Sin embargo, ella aún debía pensar en sus hijas. A Janet Bouvier le molestaba enormemente que sus hijas prefirieran la compañía de su padre a la de ella. Ella tenía una tendencia a reaccionar de manera exagerada ante las situaciones y ocasionalmente golpeaba a sus hijas, lo que provocaba que prefirieran aún más a su padre.

En una entrevista en 2013, Lee, la hermana de Jackie, dijo que su madre estaba demasiado preocupada por su "casi irracional ascenso social", pero cuando se refirió a su padre, dijo: "él era un hombre maravilloso... Tenía una personalidad tan divertida: como el hecho de llevar siempre sus zapatos de noche de charol negro con su traje de baño. Una cosa que me enfurece es que sea siempre etiquetado como el príncipe negro ebrio. Él nunca estuvo borracho en mi presencia, aunque yo sé que algunas veces bebía, a causa de los constantes reproches de mi madre. Cualquiera lo haría".[xvii]

Durante el tiempo en que Jacqueline estuvo en el Chapin School, sus padres experimentaron otro episodio de problemas matrimoniales. Además de los romances extramatrimoniales de su padre, él era alcohólico. Por si fuera poco, la familia quedó sumergida en la inestabilidad financiera después de la Gran Depresión de 1929. Aunque su padre construyó algunos de los apartamentos más distinguidos en Park Avenue, en Nueva York, sus pérdidas fueron excesivas. Hizo una gran cantidad de malas inversiones y, en general, no administró bien el dinero. Jacqueline después confesó que le preocupaba que su padre no pudiera pagar su matrícula en el colegio.

En 1936, los padres de Jacqueline se separaron y les fue otorgado el divorcio cuatro años después. Janet Bouvier esperaba que ese tiempo lejos —la separación— le enseñara a su esposo que necesitaba aprender cierta responsabilidad familiar. Durante su separación, la prensa publicó todos los detalles escandalosos e íntimos de sus vidas personales.

Minuciosas fotografías mostraban la evidencia de los devaneos de John Bouvier, lo cual avergonzó demasiado a su esposa.[xviii] Lee decía: "Había un resentimiento realmente implacable por parte de ambos. Jackie fue verdaderamente afortunada de tener o de adquirir la habilidad de desconectar, algo que mantuvo siempre... Fue como si, entre los diez y los veinte años, nunca hubiera escuchado nada [de sus padres], excepto cuán terrible era el otro".[xix]

Aparentemente, Jackie aprendió desde muy temprana edad a ocultar sus verdaderos sentimientos. Su primo John H. Davis decía que ella tenía una "tendencia a retirarse frecuentemente a un mundo propio privado".[xx] Aunque durante su niñez y juventud ella fue capaz de contener sus opiniones, la verdad salió a la luz más tarde: estaba profundamente afectada por el divorcio y por la atención de los medios que este hecho había provocado. Durante el resto de su vida, Jackie odiaría a los medios y trataría de controlar a toda costa las historias que publicaran. Frecuentemente contactaría con periodistas para que publicaran lo que ella quería, como lo hizo con Theodore White, el hombre que publicó la historia de Camelot que ella creó la semana siguiente al asesinato de su marido.

Tiempo después, la madre de Jacqueline se casó nuevamente, esta vez con Hugh Dudley Auchincloss, Jr., el heredero de Standard Oil.[xxi] Las hermanas Bouvier pasaron a tener tres nuevos hermanastros después de la boda, los hijos de los dos matrimonios anteriores de Auchincloss. Además, la madre de Jacqueline y Auchincloss tuvieron otros dos hijos juntos.

Después del matrimonio, las hermanas Bouvier se mudaron de su residencia principal a la hacienda Merrywood de Auchincloss en McLean, Virginia. También pasaron mucho tiempo en otra finca de su nuevo padrastro, Hammersmith Farm, en Newport, Rhode Island, y en las casas de su padre en Long Island y Nueva York. Jackie empezó a ver a su padrastro como una fuente de estabilidad; él podía proveerle recursos monetarios y una niñez con muchas comodidades, algo que su padre nunca podría hacer a tan gran escala. Aunque Jacqueline se sentía verdaderamente en casa con su nueva familia, ella se mantuvo un poco marginada de su nuevo círculo social. Muchos de los amigos de su nueva familia eran blancos, anglosajones y protestantes (WASPS, por sus siglas en inglés), y su posición como católica la dejaba como una extraña ante su religión, así como su estado de hija de padres divorciados, lo cual era una característica bastante inusual en la élite social.[xxii]

Jacqueline le tomó mucho cariño a su padrastro, a pesar de los problemas de ansiedad social y la marginación. A los 23 años escribió una serie de poemas que destacaban las cosas de su vida que habían sido posibles gracias al matrimonio de su madre con Auchincloss. En una introducción escribió: "Parece imposible creer que ustedes hayan estado casados diez años. Yo creo que esta debe haber sido la mejor década de sus vidas. Al principio, en 1942, todos teníamos otras vidas y éramos siete personas que habían sido abocadas a vivir juntas, grupos pequeños separados que se habrían podido quedar tan distantes como estaban. Ahora somos nueve, y lo que ustedes nos han dado y lo que hemos compartido nos ha unido por el resto de nuestras vidas".[xxiii] Jacqueline verdaderamente estimaba la estabilidad obtenida gracias al divorcio de su madre.

Cuando Jackie cumplió seis años en el Chapin School, se cambió al colegio Holton-Arms en el Noroeste de Washington, D.C., al cual asistió entre 1942 y 1944. Allí se encariñó con la señorita Helen Shearman, la profesora de latín. Jackie afirmaba que la profesora era muy exigente, "Pero ella tenía sus razones. Todos nosotros éramos todos unos adolescentes perezosos. Todo lo que ella me enseñó se me quedó grabado y, aunque odiaba admitirlo, yo amaba el latín".[xxiv]

Jacqueline fue trasladada al colegio de Miss Porter, un internado para mujeres en Farmington, Connecticut, al que asistió entre 1944 y 1947. Además de un horario académico riguroso, el colegio hacía énfasis en los buenos modales y en el arte de la conversación. En Miss Porter, Jacqueline sintió que podría distanciarse de la nueva familia de su madre, lo que le permitió buscar su independencia y las clases preparatorias para la universidad.[xxv] Aquí, ella empezó a aprender a hacer las cosas por sí misma, algo que tendría que hacer en varios momentos de su vida, quisiera o no.

A Jackie le fue bien en el colegio de Miss Porter. En su graduación, Jacqueline fue incluida en la lista de las mejores estudiantes de su clase; recibió el Premio Maria McKinney de Excelencia en Literatura.[xxvi] Su anuario afirmaba que era conocida por "su ingenio, sus triunfos como amazona y su reticencia a convertirse en un ama de casa". Incluso ella escribió en la sección *Propósito de Vida* de su anuario: "No ser un ama de casa", pero Jacqueline finalmente terminó preocupándose por sus perspectivas de futuro.[xxvii] Tiempo después le escribió a una amiga: "Solo sé que nadie se casará conmigo y terminaré como directora en Farmington".[xxviii]

Capítulo 2: Universidad y carrera profesional

Después de terminar su educación básica, Jacqueline se matriculó en el Vassar College en Poughkeepsie, Nueva York. Allí ganó un poco de notoriedad. Ella quería ingresar en la Universidad Sarah Lawrence, pero sus padres se lo prohibieron. Así que evitó la vida social en Vassar, pero participó activamente en los clubes de arte y teatro, y escribió en el periódico de la universidad.[xxix]

En vez de permanecer en contacto con sus compañeros, ella volvía a Manhattan los fines de semana. Antes de entrar en la Universidad, Jacqueline fue presentada en sociedad y, de ahí en adelante, su rostro se volvió un factor común en los eventos sociales de Nueva York. De hecho, el columnista Igor Cassini la llamó la "debutante del año" después de su fiesta formal de presentación, un título que trató de no llevar con ella.[xxx] Charlotte Curtis, la vecina de la habitación contigua de Jackie en el Edificio Principal, decía: "Yo sabía de su título de debutante del año, pero no recuerdo que ella lo hubiera mencionado. Yo creo que en realidad la avergonzaba". La compañera de cuarto de Curtis decía que Jacqueline era:

"Muy curiosa intelectualmente. Me preguntaba constantemente por mi familia. Yo era de origen libanés y había crecido en un pequeño pueblo en Tennessee. Esos aspectos de mi vida fascinaban a Jackie. Ella quería saber todo acerca de la forma en que mi padre, siendo un muchacho, se embarcó como polizón para venir a los Estados Unidos. Quería saber sobre el Líbano. Yo tenía fotografías de mi familia en mi habitación y Jackie escrutaba las caras y me hacía preguntas sobre varios miembros de la familia, casi como un reportero reuniendo material para una historia. Tenía una forma de interesarse en las personas que lo dejaba a uno deslumbrado. Esto era algo muy halagador".

Al parecer, desde las primeras etapas de su vida, Jacqueline estaba aprendiendo a hacer que otros la amaran y la cuidaran de la misma forma en que ella lo hacía con ellos. Ella estaba aprendiendo a cautivar a la gente y esto le funcionaba.

En este momento de su vida, Jacqueline comenzó también a salir con muchachos. Debutó en el complicado campo de las citas en la universidad y tomó por completo el control de este. Su título de "debutante del año" tenía a pretendientes haciendo fila frente a su puerta aun cuando su hermanastro, Yusha, estudiante de los últimos años de la Universidad Yale, iba a presentársela a amigos de las universidades de la Ivy League. Más que cualquier otra cosa, ella estaba explorando. Tiempo después, su hermanastro afirmó: "Este fue un periodo transitorio de su vida. Le gustaba jugar en el campo, conocer una variedad de personalidades: nadadores universitarios de Yale, candidatos a medicina de Harvard y futuros abogados y corredores de bolsa de Nueva York". Ella no tomó en serio a ninguno de estos hombres y se refería a ellos como "aburridos y amargados".[xxxi] Era bastante obvio que ella solo quería divertirse.

Aunque aprendió mucho en la universidad, Jackie pasó el mayor tiempo posible lejos de Vassar. Con el deseo de embarcarse en una experiencia de estudio en el extranjero, pasó su tercer año de universidad en Francia, en la Universidad de Grenoble y en La Sorbona de París. Allí, vivió con la adinerada familia Renty en el 76 de la avenida Mozart. Mientras estaba viviendo en París, se fue de vacaciones con Claude de Renty, la hija de la dueña de la casa, y escribió sobre el viaje que hicieron juntas en 1950: "Pasé las vacaciones más maravillosas en Austria y Alemania. Nosotras supimos cómo estaban realmente las cosas cuando vimos a los rusos con pistolas Tommy en Viena. Vimos Viena y Salzburgo, y Berchtesgaden, donde vivió Hitler: Múnich y el campo de concentración de Dachau… Es mucho más divertido viajar en segunda y en tercera clase, y estar despierto toda la noche en los trenes, ya que logras verdaderamente conocer a la gente y escuchar sus historias. En mis viajes anteriores todo era tan lujoso que no vimos nada".[xxxii] Durante el viaje, ellas pasaron un buen periodo de tiempo en el sur de Francia, un lugar al que Jacqueline amó profundamente:

"Solo te puedo decir cómo es bajar de las montañas de Grenoble a esta llanura resplandeciente donde siete octavos de lo que tú ves es cielo cálido azul. Y hay hileras de álamos en los márgenes de todos los campos para proteger a los cultivos del viento mistral, y pequeñas palmeras puntiagudas con flamantes flores rojas que crecen en sus troncos. La gente aquí habla con el timbre encantador del 'accent du Midi'. Ellos siempre están felices puesto que viven bajo el sol y les encanta reírse. Es muy triste haber podido ver tan poco de todo esto, quiero volver y empaparme de todo. El lugar que quiero conocer es la Camarga: un terreno en el delta del Ródano que cada año se inunda por el mar, ellos hacen una ceremonia en la que se sumergen en caballos y lo bendicen: La Bénédiction de la Mer. Allí viven los gitanos y grupos de caballos árabes pequeños; los gitanos crían toros salvajes".[xxxiii]

Jackie disfrutó su tiempo en el extranjero. Más tarde escribió: "Lo amé más que cualquier año de mi vida. Estar lejos de casa me dio la posibilidad de observarme a mí misma con una mirada más crítica. Aprendí a no avergonzarme de un auténtico hambre de conocimiento, algo que siempre había tratado de ocultar, y volví a casa feliz de comenzar nuevamente allí, pero con un amor por Europa que, me temo, nunca me abandonará".[xxxiv] Su familia aún se preocupaba por ella mientras no estaba, especialmente su muy protectora madre. Jacqueline una vez le dijo a su hermanastro, Hugh Auchincloss: "Tengo que escribirle una resma a mamá cada semana o, si no, se pone histérica y piensa que estoy muerta o que me casé con un italiano".[xxxv] Cerca del final de su estancia en Francia, la reputación de Jackie era la de una chica rebelde de la sociedad. Asistía a una gran cantidad de fiestas en el extranjero, para disgusto de su padre, que pensaba que su reputación se estaba deteriorando. Él trató de convencerla una y otra vez de mantenerse alejada de los hombres y volver con él a casa, donde podría protegerla.

Cuando volvió a Estados Unidos, pasó un tiempo en el Smith College, en Massachusetts, y después se trasladó a la Universidad George Washington, en Washington, D.C. Jacqueline se graduó con distinción y honores como licenciada en literatura francesa en 1951, sin perder nunca el amor por la educación; en los primeros años de su matrimonio con Kennedy, ella siguió tomando cursos de historia de los Estados Unidos en la Universidad Georgetown en Washington, D.C.

Mientras asistía a la Universidad George Washington, Jacqueline ganó un premio de un año como editora junior en la revista *Vogue*, donde continuaría con su pasión por escribir que desarrolló y alimentó en Vassar. En este codiciado puesto, trabajaría en la oficina de la revista en Nueva York durante seis meses y pasaría el resto del tiempo en París.[xxxvi] Sin embargo, ella nunca llevó a cabo este trabajo de edición.

Durante el primer día de trabajo, el director editorial le sugirió que dejara el trabajo y volviera a Washington, D.C. A la edad de 22 años, Jackie superaba la edad apropiada para que una mujer de su condición se casara y al editor le preocupaba que el trabajo fuera un obstáculo para su posición social. Jackie siguió su consejo y volvió a casa después de solo un día en *Vogue*.[xxxvii]

Poco después, Jacqueline consiguió un trabajo de tiempo parcial como recepcionista en el *Washington Times-Herald*. Aunque su madre estaba casada con el heredero de Standard Oil, su dinero no era suficiente para Jackie y su hermana. Por lo tanto, ella trabajaba no solo por la experiencia sino también por la necesidad de un salario para mantenerse y sostener sus hábitos de gasto. Muy pronto, comenzó a aburrirse y habló con el editor, Frank Waldrop, para pedirle un trabajo más duro. Después de mucho tira y afloja, él aceptó darle un nuevo puesto.

Jacqueline comenzó a trabajar como *fotógrafa investigadora*. En este cargo, ella formulaba preguntas inteligentes e ingeniosas a personas al azar en la calle, les echaba fotos y escribía un corto fragmento sobre sus respuestas para publicarlo junto con las fotos en el periódico.[xxxviii] Además, ella escribía algunas de las historias de interés humano. Jacqueline se divertía particularmente entrevistando a los niños, decía que "ellos creaban las mejores historias".[xxxix] Una de las entrevistadas fue Tricia Nixon, la hija de Richard Nixon, a quien entrevistó pocos días después de que su padre tomara la vicepresidencia en las elecciones de 1952. Su pregunta fue: "¿Qué piensas del senador Nixon ahora?"[xl] Jacqueline era ferviente con su trabajo. Le escribió a la periodista Bess Furman: "Estoy verdaderamente enamorada de este mundo, yo creo que admiro a los periodistas de la misma forma en que te unes a los club de fans de las estrellas de cine cuando tienes diez años de edad".[xli]

Mientras Jacqueline trabajaba para el *Washington Times-Herald*, estuvo comprometida durante muy poco tiempo con John G. W. Husted, Jr. Este periodo estuvo lleno de un montón de detalles confusos. Como Jacqueline era una mujer tan reservada, no está del todo claro cómo empezó la relación ni cómo terminó ni que pasó entre estas fechas. Ella aceptó su propuesta cerca de la navidad de 1951. Muchas personas creen que ellos empezaron a salir solo un mes antes de publicar el anuncio de su compromiso en *The New York Times* en enero de 1952. Tres meses después, Jackie cambió de parecer, afirmando que Husted era "inmaduro y aburrido".[xlii] Él fue a visitarla a Merrywood y, cuando ella lo dejó en el aeropuerto, Jacqueline puso su anillo de compromiso en el bolsillo de su chaqueta. Husted recuerda que "ella no dijo mucho y yo tampoco. No hubo mucho que decir".[xliii]

Capítulo 3: Relación con John F. Kennedy

En mayo de 1952, el periodista Charles L. Barlett le presentó en una cena a la entonces Jacqueline Lee Bouvier al representante de Estados Unidos John F. Kennedy. Los dos congeniaron muy bien pero ellos realmente no interactuaron el uno con el otro hasta la segunda vez que se vieron. Encontraron similitudes en su religión, su amor por la lectura y sus experiencias en el exterior. Comenzaron a salir juntos alrededor del 8 de mayo de 1952 después de otra cena en la casa de Charlie Bartlett. En ese tiempo, Kennedy se estaba enfrentando por el senado de los Estados Unidos. Kennedy y Bouvier, después Kennedy Onassis, se unieron muy cercanamente y su relación se hizo más seria después de las elecciones de noviembre.

El senador John F. Kennedy llevó a Jacqueline Lee Bouvier al primer baile del presidente y la primera dama el 20 de enero de 1953, y anunció formalmente su estado como pareja ante el público y ante todos sus amigos políticos. Su relación se hizo cada vez más fuerte y Bouvier empezó a buscar la manera de presentar al senador a su familia. Organizó una cita para que su pretendiente se encontrara con su padre que estaba viviendo en

Nueva York en ese tiempo. Poco después, Kennedy le propuso matrimonio, pero Bouvier esperó un poco para aceptar. Ella había decidido dedicarse al reportaje de la coronación de la reina Isabel II, su mayor trabajo hasta ahora en el periódico; entonces viajó a Londres para *The Washington Times-Herald* y no aceptó la propuesta de matrimonio hasta que volvió a los Estados Unidos después de un mes en Europa. A su llegada, Kennedy deslizó en su dedo un anillo de compromiso con un diamante de dos quilates y una esmeralda, y ella aceptó la propuesta. El 25 de junio de 1953, el compromiso fue anunciado oficialmente: "El senador Kennedy se casará en otoño, el hijo del exdiplomático es el prometido de la señorita Jacqueline Bouvier, dama de la sociedad de Newport". [xliv] Después de aceptar, ella renunció a su puesto en el periódico.[xlv] Se dedicó oficialmente a las campañas políticas de su marido y ocupó todo su tiempo en esto.

Los Kennedy se casaron en la iglesia St. Mary en Newport, Rhode Island, el 12 de septiembre de 1953 en una misa celebrada por el arzobispo de Boston, Richard Cushing.[xlvi] Considerada el evento social más grande de la época, la boda contó con alrededor de setecientos invitados a la ceremonia y más de tres mil a la recepción posterior celebrada en la hacienda Hammersmith. Después de la boda, la pareja se fue de luna de miel a Acapulco, México, antes de volver a su nuevo hogar, llamado Hickory Hill, en McLean, Virginia, el cual estaba convenientemente cerca de Washington, D.C. Allí, Jacqueline pasó largas horas leyendo las actas del congreso en un intento por familiarizarse con el trabajo de su marido y poder brindarle toda la ayuda posible.[xlvii] Adicionalmente, se inscribió en un curso de historia de los Estados Unidos en la escuela de servicio extranjero en la Universidad Georgetown.

Su matrimonio no fue particularmente fácil. Apenas dos semanas después del matrimonio, JFK ya estaba buscando la forma de estar con otras mujeres. Margaret Coit, ganadora de un premio Pulitzer, confesó en 1966: "Yo tuve intenciones con John F. Kennedy. Todo el mundo lo hizo. Él era el niño bonito, el soltero más cotizado en Nueva Inglaterra". Coit fue solo una de las muchas mujeres que confesaron haberse involucrado de una u otra forma con el presidente. Todos los agentes del Servicio Secreto estaban, por supuesto, al tanto de las idas y venidas de sus pretendientes después de que se convirtió en el presidente de los Estados Unidos, y se cree que la misma Jackie tuvo algunos romances, aunque ninguno tan evidente como los devaneos del presidente Kennedy. Afortunada y a la vez trágicamente, Jackie estaba acostumbrada a los hombres mujeriegos por ser hija de su padre. De acuerdo a la mayoría de registros, ella no pensó mucho en la infidelidad de su esposo. Tenía otras cosas en las cuales ocupar su mente.

Por otra parte, el presidente John F. Kennedy sufría de la enfermedad de Addison, además de su dolor de espalda crónico causado por una herida en la guerra. Se sometió a dos cirugías de columna a finales de 1954, ambas casi fatales.[xlviii] Hasta el punto de que llamaron a un sacerdote para administrarle la extremaunción al senador Kennedy. Jacqueline estuvo todo el tiempo sentada junto a su esposo, tomándolo de las manos y manteniéndolo al tanto de lo que pasaba en las noticias.[xlix] Ella no era otra cosa más que la perfecta futura primera dama. JFK empezó a mostrar signos de recuperación y fue dado de alta del hospital de Nueva York. Pasó la siguiente temporada en Palm Beach, Florida, y tuvo una segunda operación el 15 de febrero de 1955.[l]

Además de todas estas dificultades, la pareja tuvo problemas para tener hijos; Jacqueline tuvo un aborto espontáneo en 1955 y dio a luz a una niña muerta en agosto de 1956. Finalmente, Jackie dio a luz a Caroline el 27 de noviembre de 1957 después de una agotadora cesárea. La pareja posó orgullosa con su nueva hija para la portada de la revista *Life* del 21 de abril de 1958.

Por este tiempo, JFK estaba haciendo campaña para la reelección en el senado. Jacqueline iba a donde fuera su esposo. En muchas reuniones, al lado de Kennedy estaban su esposa y su hija, y él comenzó a darse cuenta de que Jacqueline ejercía una influencia positiva en la campaña electoral. El asesor político estadounidense Kenneth O'Donnell decía que la presencia de Jacqueline hacía que "el tamaño de la multitud fuera dos veces más grande" y que ella siempre estaba "alegre y servicial". Cuando JFK ganó la reelección para un segundo periodo en noviembre de 1958, le dio los créditos a la visibilidad de su esposa. En sus palabras, ella era "simplemente invaluable".[li]

Durante ese año, JFK viajó por catorce estados. Jacqueline y Caroline algunas veces asistían y otras veces hacían largas pausas en la esfera política. Independientemente de dónde estuviera Jackie físicamente, ella siempre le brindaba una ayuda invaluable a su esposo en la preparación de su campaña política. Por ejemplo, para ayudar a Kennedy a obtener el apoyo de Luisiana, ella viajó al estado a visitar a Edmund Reggie, un político demócrata estadounidense que se desempeñaba como juez municipal en Luisiana.

Capítulo 4: Maternidad

Aunque Jacqueline tendría hijos saludables, la suerte no estuvo siempre con ella. El 23 de agosto de 1956, Jacqueline dio a luz a una niña muerta, a la cual llamó Arabella. Los que estaban a su alrededor dicen que ella manejó con calma esta situación y no le pidió a su marido que volviera de su crucero por el Mediterráneo. Ya casi se había recuperado de su melancolía cuando se entristeció aún más por la muerte de su padre el 3 de agosto de 1957. Aunque era un padre problemático, ellos aún tenían una buena relación. Jacqueline inmediatamente fue y planeó ella misma el funeral. Sin embargo, todavía tenía la maternidad en lo profundo de su mente.

Su suerte empezó a mejorar al dar a luz a una niña llamada Caroline Bouvier Kennedy en la víspera del día de acción de gracias, el 27 de noviembre de 1957. El arzobispo Cushing bautizó a la nueva bebé Kennedy el 13 de diciembre de 1957. Para este momento, los paparazzi ya estaban algo interesados en la familia Kennedy y Jackie estaba irritada con ellos y con su insistente intromisión: "Nada me molesta más que las entrevistas y los periodistas. Ese es el problema de la vida pública. Yo siempre he odiado a los periodistas de farándula, las noticias de la vida privada de los hombres públicos. Pero si te ganas la vida en un cargo público, eres propiedad de todos los ciudadanos que pagan impuestos. Tu vida entera es un libro abierto".[lii]

John F. Kennedy derrotó a Richard Nixon, su oponente republicano, el 8 de noviembre de 1960, convirtiéndose así en el nuevo presidente electo. Dos semanas después, Jacqueline dio a luz a John F. Kennedy, Jr., en una operación por cesárea, el 25 de noviembre de 1960. Las dos siguientes semanas las pasó en el hospital y fue seguida cuidadosamente por los medios. El nacimiento resulto ser el primer acontecimiento de atención para los medios nacionales de la familia Kennedy. Mientras que ellos le decían a la prensa que madre e hijo estaban felices y saludables, su hijo en realidad estaba sufriendo de una enfermedad respiratoria sin diagnosticar. Pasó los primeros seis días de su vida en una incubadora y a ambos les tomó varios meses recuperarse de esta dura experiencia.[liii] Cuando JFK vio a su hijo, dijo: "Este es el niño más bonito que he visto. Tal vez lo llame Abraham Lincoln".[liv] Cuando le preguntaron qué planes tenía para su hijo, Kennedy respondió que quería que el joven John entrara a la política porque este era un lugar gratificante, pero rápidamente continuó diciendo: "Yo quiero que él haga lo que lo haga feliz, sea lo que sea".[lv]

Jacqueline pasó dos semanas después del nacimiento de su hijo en la cama y su hijo tampoco la estaba pasando muy bien. Estaba perdiendo peso muy rápidamente, llorando sin parar y respirando con dificultad. Tiempo después descubrieron que sufría de la misma enfermedad que mató a su hermano menor. Más tarde ella dijo: "La salud de John realmente no estaba muy bien, gracias a Dios estaba este pediatra brillante que le salvó la vida, pues él iba cuesta abajo".[lvi] Para darle gusto a su hija, los Kennedy le dijeron que el bebé era su regalo de cumpleaños, ya que había nacido solo dos días antes de que ella cumpliera tres años. Caroline estaba enamorada de su nuevo hermanito y creía que era un magnífico regalo. De hecho, la niñera decía que "Caroline creyó por largo tiempo que le pertenecía".[lvii]

Jackie quedó nuevamente en embarazo en 1963, lo que la llevó a abandonar sus tareas como primera dama. Cinco semanas antes de la fecha prevista para el nacimiento, el 7 de agosto de 1963, entró en trabajo de parto y dio a luz a Patrick Bouvier Kennedy en una cesárea de emergencia en la Base Otis de la Fuerza Aérea de los Estados Unidos. Al momento del nacimiento, sus pulmones no estaban completamente desarrollados, por lo cual fue transferido rápidamente del Cabo Cod al Hospital para niños de Boston. Dos días después de que Jackie diera a luz, el niño murió de la enfermedad de la membrana hialina, un síndrome en bebés prematuros que desarrollan pulmones estructuralmente inmaduros.[lviii] Mientras Jacqueline permaneció en la Base Otis de la Fuerza Aérea, JFK viajó a Boston para estar con su hijo y estuvo ahí hasta su muerte. El 14 de agosto de 1963, regresó para llevar a su esposa a casa.

Poco después de la muerte de su hijo, Jackie entró en una depresión profunda. Ella ya había experimentado mucho dolor en los últimos años y esta tragedia la llevó al límite. Curiosamente, la muerte unió a la pareja Kennedy en su dolor. Según Arthur Schlesinger, Kennedy siempre "miraba a Jacqueline con genuino afecto y orgullo", pero su matrimonio "nunca pareció tan sólido como en los últimos meses de 1963".[lix]

Kennedy pensó que posiblemente su esposa necesitara un tiempo fuera de la Casa Blanca y buscó opciones de vacaciones. Fue después de la muerte de su hijo que Jacqueline asistió a un viaje en yate con Aristóteles Onassis, el hombre que después sería su segundo esposo. La hermana de Jacqueline los puso en contacto. El presidente Kennedy tenía sus reservas pero pensó que ese tiempo fuera sería "bueno para ella". El público en general y muchas personas de la administración Kennedy desaprobaron ampliamente ese tiempo lejos de la Casa Blanca. Cuando volvió, la primera dama dijo que lamentaba haber estado lejos tanto tiempo pero que estaba "melancólica por la muerte de su bebé".[lx]

Jackie no dejó que nada se interpusiera entre ella y el bienestar de sus hijos. En su libro *The Good Son: JFK Jr. and the Mother He Loved ("El buen hijo: JFK Jr. y la madre que amó"),* Christopher Andersen cuenta una historia acerca de cómo Jacqueline cuidó de sus hijos incluso en el momento más doloroso: "Con la mirada puesta en el futuro de John, Jackie se inclinó e instruyó al niño de tres años para que diera a su padre el más famoso saludo en el momento en que el ataúd pasó frente a él en el carruaje; asegurándole para siempre en ese momento su lugar en la conciencia nacional".[lxi] Ella mantuvo su preocupación en el corazón, interviniendo en la vida de sus hijos solo cuando lo estimaba necesario.

Es muy fácil olvidar que Jackie no fue solamente la esposa del presidente sino que también fue madre. De hecho, ella puso en práctica algunas ideas innovadoras de crianza. Pamela Keogh, autora de *Jackie Style ("El estilo de Jackie"),* describe a Jacqueline como una madre "extremadamente práctica y muy comprometida", sobre todo para su posición social. Generalmente, las mujeres adineradas dejaban a sus hijos con una niñera y no se preocupaban por nada de esto. Keogh le dice a la revista *People* que "Jackie estuvo ahí" para Caroline y John Jr., sus dos hijos. "Ella estuvo ahí jugando con ellos, leyéndoles y pintando con ellos; toda clase de cosas. Era una madre joven pero no era descuidada con su oficio y era muy comprometida. Es por esto que sus dos hijos fueron criados tan encantadoramente".[lxii] Keogh dice que aunque la familia tenía una niñera, Maud Shaw, Jacqueline siempre estaba ahí para supervisar cualquier cosa que pasara. Jackie decía: "Yo seré primero esposa y madre, y después primera dama".[lxiii] Ella les permitió a sus hijos tener independencia. Quería que hicieran su propio camino, corriendo riesgos y tomando sus propias decisiones, pero quería estar ahí en cada paso por si la necesitaban para algo.

Los niños, por supuesto, tuvieron todos los lujos que se pudieran imaginar mientras vivían en la Casa Blanca, pero Jacqueline creía que era importante que sus hijos continuaran siendo "modestos, humildes y con los pies en la tierra... Ellos tenían que recoger su propia ropa. Ella se aseguró de que los agentes del Servicio Secreto no fueran sus criados. Los agentes del Servicio Secreto no podían recogerle nada a los niños".[lxiv] Intentó hacer la Casa Blanca lo más parecida posible a una casa normal. Jacqueline decía: "Sería una tragedia que Jack fuera el mejor presidente del siglo y sus hijos resultaran ser malas personas".[lxv]

El antiguo agente del Servicio Secreto de Jacqueline, Clint Hill, recuerda que los Kennedy "se empeñaban en que sus hijos fueran respetuosos, agradecieran a la gente y tuvieran buenos modales... pero al mismo tiempo querían que se divirtieran y fueran felices".[lxvi] El exagente del Servicio Secreto, Tom Wells, le dijo a la revista *People:* "Cuando [los niños Kennedy] estaban en la Casa Blanca, tenían privilegios allí, pero no estaban aislados... Ms. Shaw solía llevarlos al parque a encontrarse con sus amigos. De tanto en tanto iban a la casa de otros amigos y sus amigos también iban a la Casa Blanca. Ellos participaban en un montón de actividades".[lxvii] Keogh dice que Jackie quería ayudar a sus hijos a ganar independencia, aún con sus grandes privilegios: "Si ellos solos se metían en apuros, ellos solos tendrían que salir de estos".

Asimismo, Jackie era la que imponía la disciplina en la familia ya que pasaba la mayor cantidad de tiempo con sus hijos. Keogh dice: "Jackie manejaba el hogar rigurosamente... Ella les revisaba las tareas y se aseguraba de que estuvieran vestidos apropiadamente. Si John se portaba mal, lo hacía parar en una esquina. No era un hogar autoritario, pero había expectativas".[lxviii] Sin embargo, Jackie también fue una madre alegre. Ella intentó enseñarles a sus hijos sobre sus pasatiempos favoritos, animándolos a que buscaran las cosas que los hicieran felices y les proporcionaran alegría. "Ella era divertida", decía Keogh. "Mire las fotos. Ella corría con los niños y jugaba con ellos". Clint Hill decía que Jacqueline se divertía en particular tratando de enseñarle a Caroline a montar a caballo. En 1962, Jacqueline tuvo una pequeño diferencia con la prensa británica; ellos afirmaban que ella había puesto a su hija en peligro al enseñarle esquí acuático sin equipo de seguridad. Aún con seguridad, Jackie simplemente se rió y le restó importancia. Ella cuidaba a sus hijos como quería y no se dejaba influenciar por nadie.

Jacqueline continuó preocupándose por sus hijos cuando llegaron a la edad adulta. Estaba orgullosa de sus logros, aunque no vivió para verlos todos. John F. Kennedy, Jr. pasó el examen de derecho de Nueva York y fundó la revista política *George*. Caroline Kennedy asistió a la Universidad de Harvard y a la Universidad de Columbia. Trabajó como jefe de campaña de la primera administración de Obama y después como la vigésima novena embajadora de Estados Unidos en Japón.

Al descubrir que su hijo estaba buscando una licencia de piloto, ella le suplicó que se detuviera: "Por favor, no lo hagas. Ya ha habido muchas muertes en la familia".[lxix] Por alguna razón, la familia Kennedy tuvo muy mala suerte con los aviones. El mayor de los tíos de John F. Kennedy, Joe Kennedy, Jr., murió cuando su avión explotó en pedazos sobre el Canal de la Mancha en medio de la Segunda Guerra Mundial. Solo unos años después, la tía de Kennedy, Kathleen Kennedy, murió cuando su avión se estrelló contra las montañas Cevenas en Francia. Evidentemente, los temores de Jackie no eran infundados.

Sus preocupaciones no desaparecieron después de la conversación con su hijo acerca de la aviación. Jacqueline había comenzado a tener una serie de premoniciones relacionadas con sus hijos, la más importante de las cuales tenía que ver con la muerte de su hijo bajo los controles de su propio avión después de estrellarse. Aún en su lecho de muerte, hizo jurar a su hijo que no perseguiría la vida de piloto; efectivamente, el murió en un accidente de avión en 1999, pero Jackie no vivió para verlo. Quizás la "Maldición Kennedy" siga viva. Quizás, sea un mito. De cualquier manera, los hombres Kennedy han tenido muy mala suerte y han muerto jóvenes.

Capítulo 5: Campaña por la presidencia

Después de cuatro años de mandato del presidente Dwight Eisenhower en la Casa Blanca, muchos estadounidenses sentían que era el momento de cambiar a una administración demócrata en 1956. Entre aquellos que buscaban un cambio estaba John F. Kennedy. Jacqueline apoyó completamente las intenciones de su esposo de probar suerte en la política de más alto nivel. Cuando menos, Kennedy iría por la vicepresidencia al lado de Adlai Stevenson. Finalmente, Kennedy no obtuvo el cargo de vicepresidente, pero dio a conocer su nombre.[lxx] La aversión de Jackie por los medios pudo haber comenzado su descenso en este momento. Maxine Cheshire, una periodista, siguió a Jacqueline en la Convención del Partido Demócrata, con el fin de conseguir una nota acerca de los esfuerzos de su esposo, pero Jackie no lo toleró. Los espectadores dicen que la mujer embarazada "se levantó el vestido y echó a correr" para escapar.[lxxi] Esta reacción no fue muy profesional, pero hizo reír a la gente y de alguna manera aumentó el encanto de Jackie.

Kennedy anunció su candidatura para la presidencia el 3 de enero de 1960 y lanzó así su campaña. Al principio de la campaña, Jackie asistía a los eventos con su esposo, pero sus apariciones se hicieron menos comunes cuando descubrió que estaba embarazada. Debido a sus anteriores embarazos de alto riesgo, decidió quedarse en casa en Georgetown para cuidar de su salud.[lxxii] Ella le pidió muchas veces a su esposo que fuera a casa a pasar un poco de tiempo con ella y con su hija, pero JFK estaba reacio a hacerlo, argumentando que debía centrarse por completo en su campaña.

Los medios se congregaban alrededor de la casa, lo que aumentaba la tensión de Jacqueline durante su embarazo. Aunque ella no era el foco de atención, permaneció en el ojo de los medios. El arduo trabajo de la pareja dio frutos el 13 de julio de 1960 y John F. Kennedy fue elegido como el candidato para la presidencia de Estados Unidos en la Convención Nacional del Partido Demócrata de 1960 en los Ángeles. Debido a su embarazo, Jacqueline no asistió al evento. Ella estaba cada vez más nerviosa con su embarazo.

Kennedy viajó a casa por un momento para pasar el día de acción de gracias con su familia, pero tuvo que volver a Palm Beach la misma noche. Cuando faltaban solo tres semanas para la fecha del parto, ella le pidió a su esposo que se quedara: "¿Por qué no te quedas aquí hasta que tenga el bebé y después regresamos juntos?"[lxxiii] JFK respondió que no podía hacer eso. Su amigo Bill Walton afirmó que tres semanas "podían haber sido seis meses para él. No estaba dispuesto a dejar todo en suspenso solo porque Jackie estaba un poco nerviosa. Él tenía un país por el cual pelear".[lxxiv] Dejó a su esposa trastornada al volver a Palm Beach. Su avión acababa de despegar cuando Jacqueline fue llevada a una cesárea de emergencia. Tan pronto aterrizó, él regresó inmediatamente con su esposa y su hijo recién nacido.

Aunque era una madre exhausta, Jacqueline hizo su mayor esfuerzo por continuar ayudando desde casa en la candidatura de su esposo. En una columna de prensa semanal llamada *Campaign Wife*, Jackie respondía las preguntas que le enviaban y daba entrevistas.[lxxv] Además, la elección de su atuendo captaba la atención de los medios. Antes de dar a luz, usaba ropa de maternidad que en lugar de esconder su embarazo, lo acentuaba. Este era un concepto nuevo para la sociedad estadounidense y estaban un poco sorprendidos. Sin embargo, la moneda tenía dos caras: era admirada por su estilo personal pero al mismo tiempo criticada por sus preferencias por la costosa ropa francesa. En determinado momento, fue nombrada como una de las doce mujeres mejor vestidas del mundo.[lxxvi] Jacqueline no se sentía muy a gusto con este reconocimiento; generalmente se negaba a discutir sobre su guardarropa y dirigía la conversación hacia su trabajo en la campaña de su esposo.[lxxvii]

Capítulo 6: Primera dama

A los 31 años, Jacqueline Kennedy Onassis se convirtió en la tercera primera dama más joven de la historia de los Estados Unidos. La familia Kennedy le proporcionó a la sociedad estadounidense y a la Casa Blanca un cambio dramático con respecto a los Eisenhower: eran jóvenes, pertenecían a otro partido político y se relacionaban con los medios de forma diferente. Tina Sani Flaherty, en su libro *What Jackie Taught Us: Lessons from the Remarkable Life of Jacqueline Kennedy Onassis ("Lo que Jackie nos enseñó: Lecciones de la extraordinaria vida de Jacqueline Kennedy Onassis")*, dice: "Ellos simbolizaron una época conmovedora en la historia de nuestra nación, en la que su optimismo e inocencia hacían creer que todo era posible. Nos dieron esperanza y nos hicieron sentir que cada uno de nosotros sería mejor".[lxxviii] Gil Troy, historiador, dice que la familia Kennedy "hizo hincapié en vagas apariencias en lugar de logros específicos o compromisos apasionados", propagando una "cultura fresca, orientada a la televisión".[lxxix] Sin embargo, Jacqueline Kennedy no se sentía muy fresca. Ella se sintió acosada en todo momento de su vida. Jacqueline dijo: "[Es] como si acabara de convertirme en un objeto de propiedad pública. Realmente es aterrador perder tu anonimato a los 31 años".[lxxx]

De la misma forma en que Jackie fue reconocida por sus experiencias de moda antes de la presidencia de su esposo, así también consiguió algo de fama mediática después de que él asumió su cargo. Jacqueline dijo en algún momento: "Todas las discusiones sobre cómo me visto o cómo me arreglo el cabello me divierten, pero también me desconciertan. ¿Qué tiene que ver mi peinado con las capacidades de mi esposo para ser presidente?"[lxxxi] Como primera dama, Jacqueline intentó hacer lo que los estadounidenses querían y contrató al diseñador estadounidense Oleg Cassini para que diseñara su vestuario en lugar de seguir comprando costura francesa.[lxxxii] De Jacqueline, Cassini decía: "La creencia errónea sobre ella es que quería convertirse en una pionera de la moda. Nada podría estar más lejos de la verdad. Jackie tenía su estilo propio dirigido cuidadosamente. Ella se vestía para sí misma. Quería ser notada, no copiada. Pero era claro desde el principio que cualquiera con la belleza exótica de Jackie y su gran visibilidad tendría necesariamente una profunda influencia en la moda".[lxxxiii] Entre 1961 y 1963, Jacqueline trabajó con Cassini en sus conjuntos más reconocidos. De hecho, ella gastó $45,446 más en moda que el salario presidencial de $100,000 de su esposo en 1961.[lxxxiv] Estos hábitos de gasto no eran el comienzo; al contrario, eran un problema antiguo. La madre de Jackie recuerda una cena en casa de su hija en la que se sorprendió con sus gastos:

"Nosotros estábamos cenando allí una noche y Jack no llegó a casa hasta bastante tarde, después de que habíamos terminado la comida. Él estaba cenando en una charola. En ese momento la habitación era completamente beige: las paredes habían sido pintadas aproximadamente una semana antes, los muebles habían sido tapizados en beige suave y había una alfombra de vicuña sobre el sofá... Y, vamos a ver: las alfombras, las cortinas, la tapicería, todo de repente fue transformado en preciosos tonos diferentes de beige. Yo sabía lo tremendamente caro que era pintar y tapizar las cosas, y hacer cortinas, pero recuerdo que Jack solamente me dijo: 'Señora

Auchincloss, ¿usted cree que somos prisioneros del beige?"[lxxxv]

La cartera de Jacqueline no conocía límites y ella se rehusaba a vivir una vida en la que necesitara tenerlos.

Jacqueline, además, fue la primera esposa presidencial en contratar un secretario de prensa. Su nueva empleada, Pamela Turnure, le ayudó a manejar el contacto con los medios y a controlar la frecuencia y la forma en que se fotografiaban las actividades de los Kennedy y sus hijos.[lxxxvi] Aunque Turnure fue la amante anterior (y probablemente continua) del presidente Kennedy, ella hizo bien su trabajo, fue capaz de tratar con la prensa de una forma que complacía a Jacqueline. Jackie le dijo a Turnure: "Estarás ahí como mediadora. Mis relaciones con la prensa serán información mínima dada con la mayor cortesía... No daré ninguna entrevista, ni posaré para fotografías, etc. durante los próximos cuatro años. Pierre [Salinger, secretario de prensa de John F. Kennedy] traerá las revistas *Life* y *Look* o Stan [Tretick] un par de veces al año y nosotras les daremos el visto bueno."[lxxxvii] Jacqueline pensaba que podría controlar lo que los medios hicieran mientras ella estaba en la Casa Blanca; estaba bastante equivocada.

A los ojos de los medios, Jackie era la mujer perfecta, la mujer ideal. Maurine Beasley, una especialista en el tema, afirma que Jacqueline "creó en los medios una expectativa irreal para la primera dama que constituiría un desafío para sus sucesoras".[lxxxviii] Esta atención de los medios, aunque no le agradara, le permitió a Jacqueline atraer una atención positiva a escala global y conseguir aliados para el gobierno de los Estados Unidos y las políticas de la Guerra Fría.[lxxxix]

En esta época, las mujeres reporteras se limitaban a dar información sobre eventos y noticias relacionadas con la primera dama. Por esta razón, Jacqueline fue una bendición para el sustento de las reporteras, aunque ella despreciaba su atención. Todo lo que ella hiciera era una oportunidad para una nueva historia. Ella viajaba con frecuencia, ofrecía elaboradas fiestas en la Casa Blanca con mucho entretenimiento y una decoración extravagante, se vestía diariamente con atuendos dignos de fotografía, se aseguraba de que sus hijos y sus mascotas estuvieran presentables todo el tiempo, montaba a caballo y paseaba en barco, y visitaba con frecuencia las distintas casas de los Kennedy; todos estos acontecimientos ofrecían oportunidades de buenos artículos para todas las audiencias. Una reportera llamada Thomas decía: "Lo irónico es que Jackie Kennedy, involuntariamente, nos dio un tremendo impulso a mí y a otras mujeres reporteras de Washington al aumentar nuestro ritmo… a noticias de portada… un comentario sarcástico de Jackie o una caída de un caballo podría generar mil titulares."[xc]

Aunque Jacqueline generaba noticias de portada con sus tendencias de moda, tal vez es más conocida por muchas personas por el tiempo en que se dedicó a la historia de Estados Unidos y a la conservación del arte. Ella organizaba una multitud de eventos en la Casa Blanca con el objetivo de reunir a políticos de élite con artistas y alentar la unión de los dos grupos. Quería crear un Departamento de las Artes, un propósito que quedó sin realizar, pero en su lugar, ella contribuyó a la creación del Fondo Nacional para las Artes y el Fondo Nacional para las Humanidades, programas que continúan en funcionamiento y ayudan a los programas de arte y a diversos artistas a prosperar en los Estados Unidos de América.

De todas, la principal contribución de Jacqueline a la administración Kennedy fue el proyecto dirigido a restaurar y reaprovisionar la Casa Blanca. Antes de su cargo como primera dama, Jackie visitó la Casa Blanca dos veces: una como turista en 1941 y otra como invitada de Mamie Eisenhower justo antes de la posesión de John F. Kennedy.[xci]

Su visión empezó a expandirse durante su segunda visita; ella ingenió un proyecto. Quería que la Casa Blanca recuperara su valor histórico y se preguntaba por qué los muebles y la decoración no trasmitían ningún significado en absoluto. Por consiguiente, hizo de restaurar la gloria y el carácter histórico de la Casa Blanca su primer gran proyecto como primera dama. Se entregó por completo al proyecto. Lady Bird Johnson decía que Jackie "era una trabajadora, algo que no creo que se le haya reconocido lo suficiente". Durante su visita a la Casa Blanca después de la elección de John F. Kennedy en 1960, Jacqueline se disgustó al darse cuenta de que las habitaciones se parecían al lobby del triste Hotel Statler, lo cual no era una coincidencia. En un intento por ahorrar dinero, Harry Truman contrató a la tienda departamental de Nueva York, B. Altman, para que suministrara mobiliario para el piso principal de la mansión después de que la Casa Blanca fuera destruida y reforzada con estructuras de acero durante una remodelación bajo su administración. Jackie no estaba para nada satisfecha con la elección del diseño interior.

Jacqueline se reunió con su diseñadora de interiores, Sister Parish, durante su primer día en la Casa Blanca. Su plan era hacer que los alojamientos familiares fueran más apropiados para la vida familiar, ya que sentía que había una gran carencia en este departamento. En adelante, ella quería una cocina en el piso de la familia y nuevas habitaciones para sus hijos. Recibió un presupuesto de cincuenta mil dólares y este dinero se terminó muy pronto. Sin permitir que nada se interpusiera en la restauración, Jacqueline estableció un comité de bellas artes para dirigir el proceso y habló con Henry du Pont, un experto en muebles estadounidense, para que la aconsejara en algunos detalles.[xcii] Entonces, se presentó una excelente oportunidad: los equipos de restauración venderían una guía de la Casa Blanca para financiar la restauración.[xciii] La guía se convirtió en una especie de reliquia. La gente la compró no porque la necesitara sino porque sería útil para una causa y después se convertiría en un recordatorio o en una antigüedad.

Jacqueline fue una mujer muy ocupada durante su tiempo en la Casa Blanca. Ella no solo trabajó en la Casa Blanca, sino que también participó en el rediseño y la replantación de los jardines Rose Garden y East Garden de la Casa Blanca con Rachel Lambert "Bunny" Mellon, horticultora, jardinera, filántropa y coleccionista de arte. Además de estas tareas, Jacqueline ayudó a detener la destrucción de edificios históricos en Lafayette Square en Washington, D.C. Ella sentía que eran parte integral de la historia de la capital y quería que continuaran desempeñando un papel en la historia de la nación.[xciv] Por tanto, ayudó a impulsar un proyecto de restauración para sustituir la destrucción.

La nueva primera dama se disgustó mucho al descubrir una antigua tradición entre los anteriores presidentes. Antes de la llegada de los Kennedy a la Casa Blanca, otras familias presidenciales tomaron el hábito de llevarse los muebles y otros artículos al partir, lo cual llevó a la estructura histórica a una gran escasez de objetos históricos. Jacqueline se tomó la tarea de rastrear algunos de estos objetos robados y ella personalmente escribió a las familias anteriores de la Casa Blanca y a algunos donantes para pedirles que devolvieran los objetos viejos y proporcionaran objetos nuevos si era posible. Además, inició un proyecto de ley en el congreso que permitía al Instituto Smithsoniano reclamar la propiedad de los artículos de la Casa Blanca de tal forma que las futuras familias presidenciales no pudieran quedarse con ninguno de los muebles al partir. Además de estos esfuerzos, Jackie fundó la Asociación Histórica de la Casa Blanca, el comité para la conservación de la Casa Blanca, el cargo para un curador permanente de la Casa Blanca, el Fondo para la Dotación de la Casa Blanca y el Fondo de Adquisición de la Casa Blanca.[xcv]

La pasión de Jacqueline por el proyecto de restauración no hizo sino crecer durante el tiempo en que vivió en la Casa Blanca. Con renuencia pero muy consciente de la necesidad del filme, ella llevó a los televidentes estadounidenses a una visita virtual por la Casa Blanca el 14 de febrero de 1962 acompañada por Charles Collingwood de CBS News. Jackie afirmó: "Yo creo firmemente que la Casa Blanca debería tener la mejor colección de imágenes estadounidenses posible. Es tan importante: el escenario en donde la presidencia es presentada al mundo, a los visitantes extranjeros. Los estadounidenses deberían estar orgullosos de esto. Tenemos una gran civilización. Muchos extranjeros no se dan cuenta de esto. Creo que esta casa debería ser el lugar donde nosotros les mostremos lo mejor".[xcvi] Más de cincuenta y seis millones de personas en Estados Unidos vieron la visita virtual y después el video continuó su camino a otros 106 países más.[xcvii] En los premios Emmy de 1962, Jacqueline ganó un especial Premio Trustees Academia de Ciencias y Artes de la Televisión, que Claudia Alta "Lady Bird" Johnson, la esposa de Lyndon B. Johnson, recibió en su nombre. Jackie fue la única primera dama en ganar un Emmy.[xcviii]

Durante el mismo periodo de tiempo en el que estuvo rediseñando la Casa Blanca, Jackie también trabajó en el exterior del Air Force One, transformó la Oficina Oval en un espacio que parecía una sala de estar y cambió los rituales de las ceremonias de llegada y las cenas estatales en South Lawn. La mayoría de los cambios continúan intactos después de más de cincuenta años. En su juventud, Jacqueline escribió alguna vez que su sueño era convertirse en la "directora de arte del siglo veinte". Muchas personas dicen que ella alcanzó este sueño por medio de su cargo en la Casa Blanca.

Aunque pasó una gran cantidad de tiempo en la Casa Blanca, Jackie también estuvo en el extranjero y viajando en avión largos periodos de tiempo. Puesto que claramente era popular entre los dignatarios internacionales, la administración Kennedy tomó ventaja de su posición.[xcix] Por ejemplo, ella impresionó a los franceses con su habilidad para hablar su idioma y su conocimiento de la historia de Francia.[c] Después de su viaje, la revista *Time* afirmó bromeando: "También estaba aquel hombre que vino con ella". Risueñamente, el presidente Kennedy dijo: "Yo soy el hombre que acompañó a Jacqueline Kennedy a París: ¡y lo disfruté!"[ci],[cii] Sola o con su esposo, ella realizó más visitas oficiales a otros países que cualquiera de las primeras damas anteriores.[ciii] Su nombre se hizo más grande en todo el mundo y su fama floreció. De hecho, cuando los Kennedy visitaron Viena, Austria, el primer ministro soviético Nikita Khrushchev dijo: "me gustaría estrechar su mano primero", refiriéndose a Jacqueline cuando se le solicitó posar para una fotografía con el presidente John F. Kennedy. Tiempo después, él le envió a ella un cachorro, descendiente de Strelka, el perro que fue enviado al espacio en una misión espacial soviética.[civ]

Jackie continuó impresionando a los dignatarios extranjeros durante toda la presidencia de su esposo. El presidente de Pakistán, Ayub Khan, le regaló un caballo llamado Sardar en su visita a India y Pakistán. Refiriéndose a las visitas de la primera dama, Anne Chamberlin de la revista *Life* escribió que Jacqueline "se comportaba espléndidamente" pero no atraía las grandes multitudes que la Reina Isabel II y el presidente Dwight Eisenhower habían reunido en ocasiones anteriores.[cv] Sin embargo, Jackie no dejó que nada la frenara. Además de los países mencionados anteriormente, ella viajó a Afganistán, Austria, Canadá, Colombia, Inglaterra, Grecia, Italia, México, Marruecos, Turquía y Venezuela.

Capítulo 7: Asesinato de Kennedy

Aunque el público general no conozca nada más de la vida de Jacqueline, ellos comparten un recuerdo común del asesinato de John F. Kennedy, junto con todos los sentimientos negativos que acompañan ese recuerdo. Recuerdan el vestido rosa de Chanel y el sombrero pillbox que ella llevaba cuando le dispararon a su esposo junto a ella. Recuerdan las imágenes, los noticieros, los artículos. Recuerdan el video en que Jacqueline se sube a la parte de atrás del auto, posiblemente para buscar partes del cráneo de su esposo.

John F. Kennedy y Jacqueline salieron de la Casa Blanca a un viaje a Texas el 21 de noviembre de 1963. Era un asunto relativamente normal. El presidente iba a hablar en un almuerzo en el Trade Mart y habían planeado una caravana de 9.5 millas para que los llevara allá. En el asiento de atrás de la limusina presidencial iban los Kennedy, con el gobernador de Texas John Connally y su esposa Nellie sentados enfrente de ellos, mientras que el vicepresidente Lyndon B. Johnson y su esposa Lady Bird los seguían detrás en otro carro.[cvi]

Lady Bird decía en su diario: "Todo comenzó tan hermoso. Después de una llovizna, el sol salió brillante y claro… Las calles estaban llenas de gente —montones y montones de personas—, los niños sonriendo, pancartas, confetis, gente saludando desde las ventanas". Todo era normal hasta que un sonido agudo se escuchó entre la multitud. Jackie recuerda que ella pensó que había sido una detonación en una motocicleta después de que la caravana giró por Elm Street en Dealey Plaza. Ella no se dio cuenta de que el sonido había sido un disparo hasta que el gobernador John Connally gritó. Lady Bird Johnson escribió: "Había un ambiente de celebración tal que yo pensé que el ruido debía provenir de cohetes, parte de la celebración. En ese momento los hombres del Servicio Secreto estaban agachados dentro del carro principal. Por el sistema de radio del carro, escuché: '¡Salgamos de aquí!' y nuestro hombre del Servicio Secreto, Rufus Youngblood, saltó por encima del asiento delantero sobre Lyndon, lo arrojó al piso y dijo: 'Agáchense'".[cvii]

En menos de diez segundos, fueron disparados dos proyectiles más, uno de los cuales impactó en la cabeza de John F. Kennedy. En un ataque de pánico, Jacqueline comenzó a subirse a la parte trasera de la limusina. El agente del Servicio Secreto Clint Hill corrió hacia ella, instándola a volver a su asiento. En ese momento, el fotógrafo de Associated Press Ike Atgens tomó una de las fotografías más emblemáticas, que mostraba a Hill parado en el parachoques trasero del vehículo. La foto apareció en las portadas de los periódicos de todo el mundo. Fue un momento confuso para todos los involucrados. Clint Hill dijo que creía que Jacqueline estaba intentando alcanzar un fragmento del cráneo de su esposo.[cviii] Más tarde, Jackie afirmó que "[Ví fotos en las que] yo me estaba montando en la parte de atrás. Pero yo no recuerdo absolutamente nada de eso".[cix]

Lady Bird Johnson escribió: "el senador Yarborough y yo agachamos la cabeza. El carro aceleró terriblemente. Entonces, cuando giramos a la izquierda y doblamos la esquina, súbitamente, frenó con tanta brusquedad que me pregunté si lo lograríamos. Nos detuvimos en un edificio. Levanté la vista y vi un letrero: 'HOSPITAL'. Solo en ese momento creí que esto podía ser lo que era. El senador Yarborough seguía diciendo con voz conmocionada: '¿Le han disparado al presidente?, '¿le han disparado al presidente?' Yo respondía algo como: 'No, eso es imposible'".[cx] Ella recuerda: "Eché una última mirada por encima de mi hombro y vi un bulto rosado en el carro del presidente, como un montón de flores, que yacía en el asiento trasero. Era las señora Kennedy tendida sobre el cuerpo del presidente".[cxi]

El presidente John F. Kennedy fue llevado rápidamente al hospital Parkland de Dallas. Jacqueline solicitó estar presente en la sala de cirugía y se quedó mirando mientras los médicos operaban diligentemente a su marido. Más tarde, Jacqueline se negó a cambiarse la ropa manchada de sangre y dijo que lamentaba haberse lavado la sangre de su cara y de sus manos. Le dijo a Lady Bird Johnson que ella quería que "ellos vieran lo que le habían hecho a Jack".[cxii] Ante tal tragedia, Jacqueline se mantuvo fuerte y enojada.

Lady Bird Johnson recuerda: "Yo la mire. El vestido de la señora Kennedy estaba manchado de sangre. Una de sus piernas estaba casi completamente cubierta de sangre y su guante derecho estaba repleto, estaba repleto de sangre: la sangre de su esposo. De alguna manera esta fue una de las visiones más conmovedoras: esa mujer inmaculada exquisitamente vestida y cubierta de sangre".[cxiii] Jackie permaneció con el vestido rosa de Chanel mientras Lyndon B. Johnson hizo el juramento presidencial en el Air Force One. Robert Caro, el biógrafo de Lyndon B. Johnson, dijo que Johnson quería que Jacqueline estuviera presente para demostrarles a los seguidores de John F. Kennedy que él era un líder legítimo.[cxiv] En 1964, el atuendo rosado de Chanel sin lavar fue donado a la Administración de Registros y Archivos

Nacionales, pero Caroline Kennedy, la hija de los Kennedy, pidió que no fuera exhibido hasta el año 2013.

Jacqueline jugó un papel importante en la planeación del funeral de estado de su esposo. Imitando el estilo de la ceremonia de Abraham Lincoln, el ataúd se mantuvo cerrado, como Jacqueline quería, contradiciendo a su cuñado, Robert, que quería un ataúd abierto.[cxv] El servicio fúnebre se celebró en la catedral de San Mateo Apóstol en Washington, D.C., y el presidente John F. Kennedy fue enterrado en el Cementerio Nacional de Arlington. Jackie encabezó la procesión a pie y encendió la llama eterna en la tumba. "Jacqueline Kennedy le dio a los estadounidenses... algo que siempre les ha hecho falta: majestuosidad", relató Lady Jeanne Campbell. Por primera vez, Jacqueline lloró en público mientras el cardenal Cushing entonaba el réquiem pontificio.[cxvi] Clint Hill le dio su pañuelo y Lee Bouvier le dio una pastilla azul.[cxvii] Ella ordenó que los ataúdes de Arabella y Patrick fueran enterrados junto a su padre y después ella también sería enterrada allí.

El presidente Lyndon B. Johnson estableció la Comisión Warren una semana después del asesinato. El único objetivo de la Comisión Warren era investigar el asesinato y el presidente de la Corte Suprema, Earl Warren, dirigió los esfuerzos. Después de diez meses la Comisión determinó que Lee Harvey Oswald actuó solo en el asesinato de Kennedy.[cxviii] Jacqueline estuvo relativamente distanciada de los esfuerzos ya que decía que la investigación no le devolvería la vida a su esposo. Después del entierro, se alejó de la vida pública. Apareció una vez en una ceremonia en Washington en homenaje al agente Clint Hill del Servicio Secreto quien se había subido a la limusina para proteger a los Kennedy del atacante.

Capítulo 8: La vida después del asesinato

El tiroteo de Dallas acompañó a Jacqueline por el resto de su vida, pero lentamente se acostumbró al gran cambio en su vida que siguió a la tragedia. Una semana después, dijo en una entrevista para la revista *Life*: "No olvidemos que alguna vez existió un lugar, durante un breve pero brillante momento, que fue conocido como Camelot. Habrá grandes presidentes de nuevo… pero jamás habrá otro Camelot".[cxix] El presidente frecuentemente escuchaba la música de Lerner y Loewe antes de irse a dormir, dijo Jackie, y ella utilizó las palabras de la reina Ginebra en el musical para expresar sus sentimientos de pérdida.[cxx] Por esta razón, la administración Kennedy es conocida como la Era Camelot. Muchos historiadores y expertos dicen que Jacqueline pensó en esta idea y trazó un camino para que su familia fuera recordada. Al relacionar a la familia Kennedy con la leyenda del Rey Arturo, ella hizo que pareciera que su familia gobernaba los Estados Unidos como una aristocracia consagrada a su reino. Este pensamiento se ha conservado, por lo que su idea debe haber tenido algo de ingenio y sutileza.

Quince días después del asesinato, Jackie abandonó la Casa Blanca. Ella les pidió a sus conductores del Servicio Secreto que evitaran las rutas que le permitieran ver la Casa Blanca y la visitó solo una vez después de dejarla. En 1971, ella y sus hijos realizaron un viaje secreto, sin fotografías, para ver los retratos de la pareja Kennedy de Aaron Shikler. En esa época, la Casa Blanca estaba bajo el gobierno de Richard Nixon y ella le escribió después para decirle: "El día al que siempre le había temido resultó ser uno de los días más bonitos que he pasado con mis hijos". Ella valoró el tiempo que pasó en la Casa Blanca pero consideraba necesario alejarse de ella.

En muchas ocasiones, el recién posesionado presidente Lyndon B. Johnson intentó "hacer algo bueno por Jackie". Él sabía lo mucho que ella amaba a Francia y le ofreció la embajada del país, luego también la de México y Gran Bretaña, pero ella siempre las rechazó porque quería mantenerse al margen. Una semana después de la muerte de su esposo, ella solicitó que al centro espacial de Florida se le cambiara el nombre por el de Centro Espacial John F. Kennedy, lo cual fue concedido humildemente por el gobierno. Tiempo después, Jacqueline dijo que Johnson había sido amable y cálido durante su dolor.[cxxi]

Jackie pasó gran parte del año 1964 de duelo, haciendo pocas apariciones en público. Sin embargo, hizo una aparición en televisión el 14 de enero de 1964 para agradecer a todos por "los cientos de miles de mensajes" que le habían enviado desde que le ocurrió la tragedia a su familia. Ella asistió a algunas conmemoraciones en honor a su esposo durante los años siguientes y mantuvo un papel fundamental en la fundación de la Biblioteca y Museo Presidencial John F. Kennedy, que se encuentra cerca de la Universidad de Massachusetts en Boston.[cxxii]

Incluso después de la muerte de su esposo, Jacqueline jugó un papel muy importante en el gobierno estadounidense, especialmente en las relaciones exteriores, lo quisiera o no. En noviembre de 1967, durante la Guerra de Vietnam, la revista *Life* la llamó "embajadora itinerante no oficial de los Estados

Unidos". Junto con David Ormsby-Gore, exembajador británico en Estados Unidos, ella empacó sus maletas y viajó a Camboya para visitar el complejo religioso de Angkor Wat con el jefe de estado Norodom Sihanouk.[cxxiii] El historiador Milton Osbourne se refirió a su visita como "el inicio de la reparación de las relaciones entre Camboya y Estados Unidos, que estaban en un punto muy bajo".[cxxiv] Además, en abril de 1968, asistió al funeral de Martin Luther King, Jr, en Atlanta, Georgia, a pesar de que le preocupaban las multitudes a su alrededor y los posibles recuerdos de la muerte de su esposo.[cxxv]

Después del asesinato de John F. Kennedy, Jacqueline se vinculó estrechamente con su cuñado Robert F. Kennedy. Ella decía que él era "el menos parecido a su padre" de todos los hermanos Kennedy. Al principio del matrimonio, Robert Kennedy apoyó a la pareja cuando tuvieron un aborto espontáneo y se quedó con ella en el hospital.[cxxvi] Algunos rumores dicen que entre los dos pasó algo más, así como muchos rumores también dicen que ella tuvo un romance con Ted Kennedy. Independientemente de lo que haya pasado, después de la muerte de Kennedy, su hermano se convirtió en una figura paterna para los hijos de los Kennedy y permaneció cerca de ellos hasta que tuvo que atender nuevamente a su propia familia y sus responsabilidades como fiscal general.[cxxvii]

Su relación era cercana, si no, íntima, y Robert Kennedy le da el crédito a Jackie por animarlo a permanecer en la política y apoyar su candidatura por el senado de los Estados Unidos como representante de Nueva York en 1964.[cxxviii] Después de 1968, cuando el presidente Lyndon B. Johnson perdió popularidad durante la ofensiva del Tet, los asesores de Robert Kennedy lo alentaron a participar en la próxima carrera presidencial. Mucha gente tenía curiosidad acerca del rumbo de los acontecimientos y se preguntaban si seguiría los pasos de su hermano dentro de la política. Cuando le preguntaron sobre sus intenciones, Kennedy dijo: "Eso depende de lo que Jackie quiera que haga".[cxxix] Él no quería ir tras la presidencia si esto la ofendía. Jacqueline todavía sentía un vacío en el estómago y le preocupaba que Robert Kennedy tuviera el mismo final que su esposo. Ella decía que había "demasiado odio" en los Estados Unidos. Aunque estaba preocupada, Jackie le hizo campaña a su cuñado y le brindó todo su apoyo en el proyecto. Unas pocas veces, incluso le dijo que esperaba que la familia Kennedy pudiera servir a la Casa Banca nuevamente.[cxxx] Esos momentos fueron los más esperanzadores durante toda la campaña.

Durante un tiempo, el tren Kennedy estuvo avanzando sin problemas, pero el 5 de junio de 1968, justo después de la medianoche, Robert Kennedy se enfrentó al mismo trauma que su hermano. Le dispararon y lo hirieron mortalmente poco después de que él y sus colaboradores celebraran su victoria en las primarias presidenciales demócratas de California.[cxxxi] Fue llevado rápidamente al hospital, donde se reunieron Jacqueline y los demás miembros de su familia, pero él no recuperó la consciencia y murió solo veintiséis horas después del ataque.[cxxxii] Y así, cayó otro Kennedy en la "maldición Kennedy".

Después de la muerte de su cuñado, Jackie cayó en otra profunda depresión, similar a la que sufrió después del asesinato de su esposo. Estaba llena de miedo: "Si están matando a los Kennedy, entonces mis hijos también son objetivos... Quiero irme de este país".[cxxxiii] Durante un tiempo, ella cumplió su propósito. Se casó con su amigo (y posiblemente su anterior amante) Aristóteles Onassis el 20 de octubre de 1968. Él era un hombre griego adinerado que podría brindarle seguridad y privacidad a su familia. Según Hunt y Batcher, "Para la mujer más reconocida del mundo, un hombre que poseía una aerolínea y una isla griega privada era una elección bastante razonable. El matrimonio le daba la libertad de viajar, vivir y gastar como ella quería".[cxxxiv]

La boda fue en la isla privada de Onassis, Skorpios, en el mar Jónico. Con el matrimonio, Jacqueline perdió su derecho a la protección del Servicio Secreto, que se les daba solo a viudas de los presidentes de Estados Unidos. Este hecho la hizo sentir nerviosa, pero ella creía que ese intercambio también le garantizaría la seguridad. Dejando atrás su pasado, cambió oficialmente su nombre a Jacqueline Onassis. Su matrimonio atrajo gran cantidad de publicidad negativa alrededor de su familia. Aristóteles Onassis era divorciado, pero su exesposa todavía estaba viva y la gente especulaba que la iglesia católica podía excomulgar a Jacqueline por el pecado de casarse con un hombre divorciado. Algunos de los Kennedy incluso esperaban este resultado, ya que pensaban que ella había traicionado a la familia.

Durante este tiempo, los paparazzi empezaron nuevamente a seguirla a todas partes con la esperanza de conseguir alguna historia escandalosa. La apodaron "Jackie O".[cxxxv] El matrimonio se deterioró después de un par de años y ellos empezaron a vivir separados gran parte del tiempo. Cuando el hijo de Aristóteles Onassis, Alexander, murió en un accidente aéreo, la salud de Aristóteles comenzó a deteriorarse rápidamente y murió en París a los 69 años a causa de una insuficiencia respiratoria el 15 de marzo de 1975. Parecía que Jacqueline no tenía mucha suerte cuando se trataba de parejas y amigos de género masculino.

Capítulo 9: Llegando al final

Cuando su segundo esposo murió, Jacqueline regresó a los Estados Unidos y vivió intermitentemente en Martha's Vineyard, Manhattan, y el complejo Kennedy en Hyannis, Massachusetts. Aunque sufrió largos periodos de depresión severa, intentó mantenerse ocupada con el trabajo, sus hijos y el resto de la familia Kennedy.

Aunque durante la presidencia de su esposo Jackie se mostró como una mujer que no se inclinaba hacia el feminismo, sus opiniones cambiaron con el tiempo. Ella dejó de ser el prototipo de mujer de la era prefeminista de principios de los 60. En su testimonio oral, Jacqueline decía que las mujeres debían evitar la política porque eran "demasiado emocionales" y, por el contrario, debían estar subordinadas a sus maridos en los "mejores" matrimonios. Después de la muerte de su segundo esposo, ella cambió ese modo de pensar y se enfocó en convertirse en una mujer trabajadora.

Comenzó a trabajar como editora de Viking en Nueva York y luego realizó otro trabajo editorial en Doubleday. Dentro de su historial de trabajo, publicó, entre otras cosas, libros de arte, memorias y crónicas. Se formó una reputación estable como una colega genuina que no le tenía miedo a hacer el trabajo sucio en la edición de líneas. En este espacio, ella creció como persona durante el tiempo en que muchas mujeres estadounidenses estaban redefiniendo sus roles en el trabajo y en el hogar. Ella decía: "Lo triste para muchas mujeres de mi generación es que se esperaba que si tenían familia, no debían trabajar... ¿Qué iban a hacer cuando sus hijos crecieran?, ¿ver caer la lluvia por la ventana?" Ella creía en mantenerse ocupada, en entretener la mente y el corazón con metas y plazos. Jacqueline abordaba los problemáticos estándares sociales desde su núcleo, un llamado para que las mujeres estadounidenses tomaran el control de sus vidas.

Durante dos años, tuvo un puesto como editora en Viking Press. Renunció en 1977 cuando *The New York Times* la acusó falsamente de colaborar con Viking para producir la novela *¿Se lo decimos al presidente?*, de Jeffrey Archer, una novela de ficción que describía una época en la que Ted Kennedy había sido electo presidente y se tramaba un plan de asesinato en su contra.[cxxxvi] Jacqueline estaba horrorizada con la idea y consideró que era mejor distanciarse. En Doubleday, Jackie trabajó para John Turner Sargent, Sr., como editora asociada. Editó muchos libros para la compañía, entre ellos títulos como *La Historia del Universo en Comic,* de Larry Gonick; los tres volúmenes de la versión en inglés de la *Trilogía de El Cairo,* de Naghib Mahfuz, y las autobiografías de la bailarina Gelsey Kirkland, la cantautora Carly Simon y la profesional de la moda Diana Vreeland. También incentivó a Dorothy West, la última sobreviviente del Renacimiento de Harlem y su vecina en Martha's Vineyard, a terminar *The Wedding,* una novela que describía una historia de varias generaciones sobre riqueza, poder, raza y clase en los Estados Unidos.

Además, Jacqueline se mantuvo ocupada de otras maneras. Continuando con su pasión por la conservación y la historia de los Estados Unidos, ella participó en muchos proyectos de conservación cultural y arquitectónica. Supervisó una campaña de conservación histórica para salvar y renovar la Terminal Grand Central de Nueva York, quizás su proyecto más memorable. Amaba a Nueva York y mantuvo su cultura cerca de su corazón. Luchó muy duro para conservar parte de su historia. En la terminal se encuentra una placa que reconoce su papel en el proyecto. Además, jugó un papel muy importante en las protestas en contra de la construcción de un rascacielos que habría sumergido el Central Park entre las sombras. El proyecto fue cancelado, sin embargo, fue reemplazado por otro en el año 2003.

La prensa nunca dejó su obsesión por Jacqueline. Ron Galella fue conocido por seguirla a todas partes, tomar fotografías de sus actividades diarias y ser, según la opinión de Jacqueline, una plaga general. Tomó un sinnúmero de fotografías sin permiso. Finalmente, ella tuvo que pedir una orden de restricción en su contra, lo cual atrajo la atención sobre las cuestiones relacionadas con las fotografías de los paparazzi, que fueron consideradas como uno de los problemas concernientes a los Estados Unidos de América. Los estadounidenses comenzaron a hacerse preguntas. ¿Debería permitírsele a los paparazzi infiltrase en la vida de otros?, ¿era necesario que los estadounidenses conocieran los asuntos privados de la vida de los políticos?, ¿Quién debería tomar esa decisión?

Jacqueline evitó eventos políticos por casi una década pero asistió a la Convención Demócrata Nacional de 1976. Allí, sorprendió a todo el mundo cuando apareció en el salón de visitantes.[cxxxvii] Dos años después, Jackie apareció en Faneuil Hall en Boston junto con su suegra Rose Kennedy. Allí, Ted Kennedy anunció que desafiaría al entonces presidente Jimmy Carter en la nominación demócrata para la presidencia.[cxxxviii] Jackie participó en la campaña, apoyando a Ted Kennedy, pero los esfuerzos no tuvieron éxito.[cxxxix]

Este acontecimiento no fue el final de su relación con la política. Jacqueline apoyó a Bill Clinton a principios de la década de los 90 y contribuyó con fondos para su campaña presidencial. Después de que él ganó la presidencia, ella se encontró con Hillary Rodham Clinton, la esposa de Bill Clinton, y conversó con ella acerca de la crianza de los hijos en el ambiente implacable de la Casa Blanca. Durante la presidencia de Bill Clinton, Hillary Clinton invitó a Jacqueline a visitar la Casa Blanca, pero ella no aceptó y respondió que apreciaba el gesto pero que prefería no estar en ese espacio. Después de la muerte de Jackie, su hijo John le escribió a Hillary Clinton diciendo: "Yo creo que, desde que salió de Washington, ella se resistió incluso a conectarse emocionalmente con ella —o con las exigencias institucionales de ser una ex primera dama—. Esto tenía mucho que ver con los recuerdos que le despertaba y sus deseos de resistirse a que se le asignara, para toda su vida, un papel en el que ella no encajaba por completo". En su memoria *Historia Viva*, Hillary Clinton escribió que Jacqueline había sido "una fuente de inspiración y consejo para mí".[cxl] La consultora demócrata Ann Lewis dijo que Jacqueline trató y apoyó a la familia Clinton "de una manera en la que no siempre se ha comportado para liderar a los demócratas en el pasado".[cxli]

Tiempo después, el mismo año, Jackie comenzó a experimentar problemas de salud. Durante una cacería de zorros en Middleburg, Virginia, en 1993, su caballo la tumbó de su lomo y sus compañeros la llevaron rápidamente al hospital, preocupados de que estuviera gravemente herida.[cxlii] El médico le encontró un ganglio linfático inflamado en la ingle, el cual pensó que se debía a una infección, pero Jacqueline desarrolló nuevos síntomas durante el mes siguiente, como dolor de estómago y ganglios linfáticos inflamados en su cuello. En una nueva visita al doctor, le diagnosticaron un linfoma anaplásico de células grandes.[cxliii]

En enero de 1994, Jacqueline comenzó la quimioterapia y anunció públicamente el diagnóstico. Aunque se estaba sometiendo a una gran cantidad de tratamientos, el cáncer se extendió a su médula espinal y a su cerebro en marzo y a su hígado en mayo. Aceptando que era el momento de irse, abandonó el hospital de Nueva York —el Centro Médico Weill Cornell— el 18 de mayo de 1994 y murió la noche siguiente en su casa a las 10:15. Jacqueline solo tenía 64 años de edad en el momento de su muerte.[cxliv]

La muerte de Jackie fue un duro golpe para la nación, especialmente para los demócratas, que todavía creían en las políticas de su esposo. Ella fue recordada en el mundo de la moda, la comunidad arquitectónica, las sociedades históricas, los círculos políticos, las instituciones académicas y muchos más. No es necesario decir que su nombre no se olvidará pronto.

Al hablar con los medios después del fallecimiento de su madre, John F. Kennedy, Jr. dijo: "Mi madre murió rodeada de sus amigos, su familia y sus libros, y de las personas y las cosas que amó. Lo hizo a su manera y con sus propias condiciones, y nosotros nos sentimos muy afortunados por esto".[cxlv] El funeral se celebró cerca de la casa de Jackie en la Iglesia de San Ignacio de Loyola, en la misma parroquia en la que fue bautizada en 1929 y recibió la confirmación durante la adolescencia. Su vida trazó un círculo completo. Jacqueline fue enterrada en el Cementerio Nacional de Arlington, en Arlington, Virginia, junto a su esposo, el presidente John F. Kennedy, y a sus dos hijos, Patrick y Arabella, la hija que nació muerta. Durante la ceremonia, el presidente Bill Clinton pronunció la elegía, un gran honor para su familia.

Al momento de su muerte, Jacqueline dejó tras de sí a sus hijos Caroline y John, Jr., a tres nietos, a su hermana Lee Radziwill, a su yerno Edwin Schlossberg y a su medio hermano James Lee Auchincloss. Ella se quedó tranquila con el hecho de que sus hijos habían conseguido esquivar la infame "Maldición Kennedy".[cxlvi]

Capítulo 10: Figura icónica actual

Jackie se convirtió en un icono mundial de la moda durante la presidencia de su esposo, pero fue reconocida durante mucho tiempo más. Como prefería la alta costura francesa pero necesitaba ajustarse a los diseños estadounidenses, le escribió a la editora de moda Diana Vreeland y le preguntó por diseñadores estadounidenses que pudieran replicar el estilo de París con "telas increíblemente simples". Vreeland lo pensó un rato y le recomendó a Norman Norell, quién realizaba un trabajo simple y de alta calidad; Norell era conocido como el primer diseñador de Estados Unidos. Adicionalmente, le mencionó a Ben Zuckerman, un diseñador estadounidense que frecuentemente reproducía la alta costura de París, y a Stella Sloat, otra diseñadora que algunas veces realizaba diseños parecidos a los de Givenchy.[cxlvii] Jacqueline estaba agradecida por las recomendaciones ya que quería mantener el estilo personal que había adoptado de París pero también quería ajustarse a la primera dama que querían los estadounidenses.

Durante su cargo como primera dama, Jackie se vestía con trajes simples y homogéneos con faldas modestas que le llegaban a la mitad de la rodilla; vestidos sin mangas, en forma de a; chaquetas con solapa de muesca y mangas tres cuartos; guantes que le llegaban hasta los codos; sombreros pillbox, y zapatos bajos.[cxlviii] Sin decir más, Jacqueline se mantenía bien cubierta y era bastante correcta en su forma de vestir la mayor parte del tiempo. Nadie podría pensar a primera vista que su familia pudiera guardar secretos escandalosos. Kenneth Battelle, o el señor Kenneth como era más frecuentemente conocido, era famoso por su trabajo con el cabello de las mujeres; él creó el peinado bouffant de Jacqueline y trabajó para la primera dama de 1954 a 1986.[cxlix] Con frecuencia se refirió mordazmente al peinado creado por él para la primera dama como una "exageración adulta del cabello de la niñas pequeñas", por la cantidad de estática que contenía.

Después de sus años en la Casa Blanca, la moda de Jackie cambió un poco. Ella empezó a usar amplias chaquetas de solapa, faldas gitanas, pantalones de bota ancha, pañoletas en la cabeza y gafas de sol redondas. La gente se escandalizó un poco cuando ella comenzó a usar jeans en público. Uno de sus atuendos característicos consistía en unos jeans blancos sin cinturón, acompañados con un suéter negro de cuello de tortuga hasta las caderas que dejaba por fuera de sus pantalones. De alguna manera, aunque cubriéndola, esta ropa mostraba más del cuerpo de Jackie. Éste no era el vestuario de la aristocracia. Por el contrario, ella usaba ropa común que parecía más sofisticada de lo normal. Se veía más como una mujer normal que estaba a la vanguardia de la moda, que como la esposa del presidente.

Jacqueline también fue reconocida por su colección de joyas. Diseñada por el joyero estadounidense Kenneth Jay Lane, su joya más característica mientras sirvió como primera dama en la Casa Blanca fue un collar de perlas de tres vueltas. Otra joya que llevaba con frecuencia era un broche de fresas —llamado frecuentemente "berry brooch"— que estaba compuesto por dos fresas de rubí unidas, con hojas y tallos de diamante; esta pieza fue diseñada para Tiffany & Co por un joyero francés de nombre Jean Schlumberger. Kennedy se lo regaló a su esposa unos días antes de su posesión, en enero de 1961, como un obsequio por su nueva vida. Jackie también ostentaba otras piezas de Schlumberger. De hecho, usaba sus brazaletes de oro y esmalte con tanta frecuencia que la prensa los llamó "brazaletes Jackie" a principios y mediados de los 60. Además, usaba sus aretes "banana" de oro y esmalte blanco. Aunque apreciaba mucho la joyería mencionada, ella fue quizás la más aficionada a la joyería diseñada por Van Cleef & Arpels, la cual usó durante tres décadas: entre los 50 y los 70. Llevaba el anillo de matrimonio Van Cleef & Arpels que le dio el presidente Kennedy casi todos los días. Esta era su joya de mayor valor sentimental y ella era reacia a dejarla apartada de su vista por mucho tiempo.

En 1965, se le otorgó a Jacqueline la entrada a la lista internacional de las mejor vestidas del Salón de la Fama.[cl] Aún hoy, muchos de sus atuendos se conservan en la Biblioteca y Museo John F. Kennedy, y el Museo Metropolitano de Arte de Nueva York exhibió piezas de la colección en el año 2001; la exposición se centró en su época como primera dama y fue llamada "Jacqueline Kennedy: Los años en la Casa Blanca".[cli] La mayoría de las piezas son representativas de sus días más importantes en la Casa Blanca, piezas que usó en eventos y reuniones importantes, tanto en los Estados Unidos como en el extranjero.

El nombre de Jacqueline continuó vivo mucho tiempo después de su muerte y al parecer aún conserva una gran importancia. En 1995, una escuela secundaria fue llamada Jacqueline Kennedy Onassis High School for International Careers. En Central Park, el embalse principal fue renombrado Jacqueline Kennedy Onassis Reservoir en su honor.[clii] La Sociedad Municipal de Arte de Nueva York tiene una Condecoración Jacqueline Kennedy Onassis que otorgan a personas cuyas obras, trabajo e influencia han contribuido de manera excepcional a la ciudad de Nueva York. La condecoración se llamó así debido a los esfuerzos de Jackie por la conservación de la arquitectura de Nueva York. En la Universidad George Washington, Jacqueline tiene una residencia que lleva su nombre. Adicionalmente, los nombres de la pareja Kennedy fueron incluidos en la lista de personas a bordo de la misión japonesa Kaguya como parte de la campaña "Wish Upon the Moon" de la Sociedad Planetaria; sus nombres también fueron listados a bordo de la misión Lunar Reconnaissance Orbiter de la NASA.[cliii] Estos ejemplos son solo algunos de los honores que se le han dado a Jacqueline antes y después de su muerte.

Jacqueline fue una mujer poderosa que no será olvidada fácilmente. Ella se mantuvo firme tanto en el ámbito público como en el privado, asesorando en secreto a su esposo y sirviendo como un modelo a seguir para la sociedad. Ella no solo ejerció como primera dama, sino que también trabajó como madre largas y pesadas horas dentro de la Casa Blanca y crió a sus hijos sola después de la muerte de su esposo. Dedicó gran parte de su esfuerzo a restaurar partes de la historia de los Estados Unidos, desde la creación de un legado duradero en la Casa Blanca mediante la restauración de todo lo que había dentro de sus cuatro paredes, hasta su trabajo con la Grand Central Station de Nueva York que luchó por mantener viva y funcionando al máximo de sus capacidades. Fue una mujer ocupada. Durante su vida, ella creció como persona, tomando nuevas ideas en su camino y convirtiéndose en una figura fuerte e independiente para otras mujeres de los Estados Unidos y el mundo. Se pueden decir muchas cosas acerca de los acontecimientos escandalosos que ocurrieron dentro de las cuatro paredes de la Casa Blanca, pero podemos estar seguros de una cosa: el legado de Jackie Kennedy vivirá para siempre.

Lea más libros de Captivating History

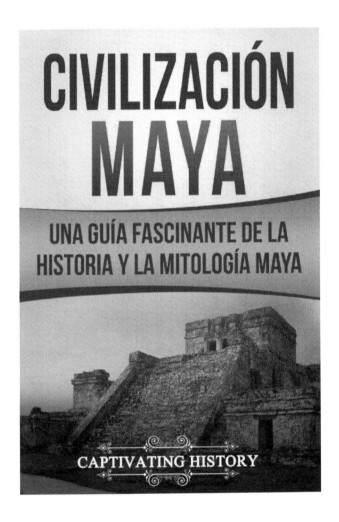

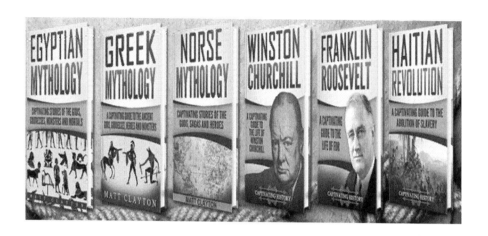

Primary and Secondary Sources

[i] Andersen, Christopher. *The Good Son: JFK Jr. and the Mother He Loved*. 2015.

[ii] Schlesinger, Arthur. *Robert Kennedy and His Times, Volumen 2*. 2002.

[iii] Adler, Bill. *The Eloquent Jacqueline Kennedy Onassis: A Portrait in Her Own Words*. 2009.

[iv] Leaming, Barbara. *Jacqueline Bouvier Kennedy Onassis: The Untold Story*. 2014.

[v] "Life of Jacqueline B. Kennedy." *Biblioteca y Museo Presidencial John F. Kennedy*. *https://www.jfklibrary.org/JFK/Life-of-Jacqueline-B-Kennedy.aspx. Fecha de consulta: agosto 9, 2017*.

[vi] Tracy, Kathleen. *The Everything Jacqueline Kennedy Onassis Book: A Portrait of an American Icon*. 2008.

[vii] Tracy, Kathleen. *The Everything Jacqueline Kennedy Onassis Book: A Portrait of an American Icon*. 2008.

[viii] "Life of Jacqueline B. Kennedy." *Biblioteca y Museo Presidencial John F. Kennedy.."* *https://www.jfklibrary.org/JFK/Life-of-Jacqueline-B-Kennedy.aspx. Fecha de consulta: agosto 9, 2017*.

[ix] Adler, Bill. *The Eloquent Jacqueline Kennedy Onassis: A Portrait in Her Own Words*. 2009.

[x] Adler, Bill. *The Eloquent Jacqueline Kennedy Onassis: A Portrait in Her Own Words*. 2009.

[xi] Pottker, Jan. *Janet and Jackie: The Story of a Mother and Her Daughter, Jacqueline Kennedy Onassis*. 2002.

[xii] "Life of Jacqueline B. Kennedy." *Biblioteca y Museo Presidencial John F. Kennedy*. https://www.jfklibrary.org/JFK/Life-of-Jacqueline-B-Kennedy.aspx. *Fecha de consulta: julio 24, 2017*.

[xiii] "Life of Jacqueline B. Kennedy." *Biblioteca y Museo Presidencial John F. Kennedy*. https://www.jfklibrary.org/JFK/Life-of-Jacqueline-B-Kennedy.aspx. *Fecha de consulta: julio 24, 2017*.

[xiv] Harris, Bill. *First Ladies Fact Book—Revised and Updated: The Childhoods, Courtships, Marriages, Campaigns, Accomplishments, and Legacies of Every First Lady from Martha Washington to Michelle Obama*. 2012.

[xv] Hunt, Amber, and David Batcher. *Kennedy Wives: Triumph and Tragedy in America's Most Public Family*. 2014.

[xvi] Badrun Alam, Mohammed. *Jackie Kennedy: Trailblazer*. 2006.

xvii Hunt, Amber, and David Batcher. *Kennedy Wives: Triumph and Tragedy in America's Most Public Family*. 2014.

xviii Hunt, Amber, and David Batcher. *Kennedy Wives: Triumph and Tragedy in America's Most Public Family*. 2014.

xix Hunt, Amber, and David Batcher. *Kennedy Wives: Triumph and Tragedy in America's Most Public Family*. 2014.

xx McFadden, Robert D. "Death of a First Lady: Jacqueline Kennedy Onassis Dies of Cancer at 64." *New York Times*. 20 May 1994. http://www.nytimes.com/learning/general/onthisday/bday/0728.html. *Fecha de consulta: julio 24, 2017.*

xxi Tracy, Kathleen. *The Everything Jacqueline Kennedy Onassis Book: A Portrait of an American Icon*. 2008.

xxii Pottker, Jan. *Janet and Jackie: The Story of a Mother and Her Daughter, Jacqueline Kennedy Onassis*. 2002.

xxiii Adler, Bill. *The Eloquent Jacqueline Kennedy Onassis: A Portrait in Her Own Words*. 2009.

xxiv Adler, Bill. *The Eloquent Jacqueline Kennedy Onassis: A Portrait in Her Own Words*. 2009.

xxv Spoto, Donald. *Jacqueline Bouvier Kennedy Onassis: A Life*. 2000.

xxvi Spoto, Donald. *Jacqueline Bouvier Kennedy Onassis: A Life*. 2000.

xxvii Adler, Bill. *The Eloquent Jacqueline Kennedy Onassis: A Portrait in Her Own Words*. 2009.

xxviii Adler, Bill. *The Eloquent Jacqueline Kennedy Onassis: A Portrait in Her Own Words*. 2009.

xxix Spoto, Donald. *Jacqueline Bouvier Kennedy Onassis: A Life*. 2000.

xxx Leaming, Barbara. *Mrs. Kennedy: The Missing History of the Kennedy Years*. 2001.

xxxi Hunt, Amber, and David Batcher. *Kennedy Wives: Triumph and Tragedy in America's Most Public Family*. 2014.

xxxii Adler, Bill. *The Eloquent Jacqueline Kennedy Onassis: A Portrait in Her Own Words*. 2009.

xxxiii Adler, Bill. *The Eloquent Jacqueline Kennedy Onassis: A Portrait in Her Own Words*. 2009.

xxxiv "Life of Jacqueline B. Kennedy." *Biblioteca y Museo Presidencial John F. Kennedy. https://www.jfklibrary.org/JFK/Life-of-Jacqueline-B-Kennedy.aspx. Fecha de consulta: agosto 9, 2017.*

xxxv Adler, Bill. *The Eloquent Jacqueline Kennedy Onassis: A Portrait in Her Own Words*. 2009.

xxxvi Leaming, Barbara. *Jacqueline Bouvier Kennedy Onassis: The Untold Story*. 2014.

xxxvii Leaming, Barbara. *Jacqueline Bouvier Kennedy Onassis: The Untold Story*. 2014.

xxxviii McFadden, Robert D. "Death of a First Lady: Jacqueline Kennedy Onassis Dies of Cancer at 64." *New York Times*. May8 20, 1994.

xxxix Adler, Bill. *The Eloquent Jacqueline Kennedy Onassis: A Portrait in Her Own Words*. 2009.

xl Adler, Bill. *The Eloquent Jacqueline Kennedy Onassis: A Portrait in Her Own Words*. 2009.

xli Adler, Bill. *The Eloquent Jacqueline Kennedy Onassis: A Portrait in Her Own Words*. 2009.

xlii Spoto, Donald. *Jacqueline Bouvier Kennedy Onassis: A Life*. 2000.

xliii Hunt, Amber, and David Batcher. *Kennedy Wives: Triumph and Tragedy in America's Most Public Family.* 2014.

xliv Badrun Alam, Mohammed. *Jackie Kennedy: Trailblazer.* 2006.

xlv Harris, Bill. *First Ladies Fact Book—Revised and Updated: The Childhoods, Courtships, Marriages, Campaigns, Accomplishments, and Legacies of Every First Lady from Martha Washington to Michelle Obama.* 2012.

xlvi "Wedding of Jacqueline Bouvier and John F. Kennedy, Newport, Rhode Island, September 12, 1953." *Biblioteca y Museo Presidencial John F. Kennedy.* https://www.jfklibrary.org/Research/Research-Aids/Ready-Reference/JKO-Fast-Facts/Wedding-Details.aspx. *Fecha de consulta: julio 27, 2017.*

xlvii Badrun Alam, Mohammed. *Jackie Kennedy: Trailblazer.* 2006.

xlviii Dallek, Robert. *An Unfinished Life: John F. Kennedy, 1917—1963.* 2004.

xlix Badrun Alam, Mohammed. *Jackie Kennedy: Trailblazer.* 2006.

l Badrun Alam, Mohammed. *Jackie Kennedy: Trailblazer.* 2006.

li Hunt, Amber, and David Batcher. *Kennedy Wives: Triumph and Tragedy in America's Most Public Family.* 2014.

lii Badrun Alam, Mohammed. *Jackie Kennedy: Trailblazer.* 2006.

liii Andersen, Christopher. *The Good Son: JFK Jr. and the Mother He Loved.* 2015.

liv Andersen, Christopher. *The Good Son: JFK Jr. and the Mother He Loved.* 2015.

lv Andersen, Christopher. *The Good Son: JFK Jr. and the Mother He Loved.* 2015.

lvi Andersen, Christopher. *The Good Son: JFK Jr. and the Mother He Loved.* 2015.

lvii Andersen, Christopher. *The Good Son: JFK Jr. and the Mother He Loved.* 2015.

lviii Beschloss, Michael. *Historical Conversations on Life with John F. Kennedy.* 2011.

lix Schlesinger, Arthur M., Jr. *A Thousand Days: John F. Kennedy in the White House.* 1965.

lx Leaming, Barbara. *Jacqueline Bouvier Kennedy Onassis: The Untold Story.* 2014.

lxi Andersen, Christopher. *The Good Son: JFK Jr. and the Mother He Loved.* 2015.

lxii "Why Jackie Kennedy was the Original Modern Mom." *People.* Julio 6, 2015. http://people.com/celebrity/jackie-kennedy-and-her-children-the-former-first-lady-was-a-modern-mom/. *Fecha de consulta: agosto 1, 2017.*

lxiii Adler, Bill. *The Eloquent Jacqueline Kennedy Onassis: A Portrait in Her Own Words.* 2009.

lxiv "Why Jackie Kennedy was the Original Modern Mom." *People.* Julio 6, 2015. http://people.com/celebrity/jackie-kennedy-and-her-children-the-former-first-lady-was-a-modern-mom/. *Fecha de consulta: agosto 1, 2017.*

lxv Adler, Bill. *The Eloquent Jacqueline Kennedy Onassis: A Portrait in Her Own Words.* 2009.

lxvi "Why Jackie Kennedy was the Original Modern Mom." *People.* Julio 6, 2015. http://people.com/celebrity/jackie-kennedy-and-her-children-the-former-first-lady-was-a-modern-mom/. *Fecha de consulta: agosto 1, 2017.*

lxvii "Why Jackie Kennedy was the Original Modern Mom." *People.* Julio 6, 2015. http://people.com/celebrity/jackie-kennedy-and-her-children-the-former-first-lady-was-a-modern-mom/. *Fecha de consulta: agosto 1, 2017.*

lxviii "Why Jackie Kennedy was the Original Modern Mom." *People.* Julio 6, 2015. http://people.com/celebrity/jackie-kennedy-and-her-children-the-former-first-lady-was-a-modern-mom/. *Fecha de consulta: agosto 1, 2017.*

lxix Andersen, Christopher. *The Good Son: JFK Jr. and the Mother He Loved.* 2015.

lxx Badrun Alam, Mohammed. *Jackie Kennedy: Trailblazer.* 2006.

lxxi Hunt, Amber, and David Batcher. *Kennedy Wives: Triumph and Tragedy in America's Most Public Family.* 2014.

lxxii Wertheime, Molly Meijer. *Inventing a Voice: The Rhetoric of American First Ladies of the Twentieth Century.* 2004.

lxxiii Andersen, Christopher. *The Good Son: JFK Jr. and the Mother He Loved.* 2015.

lxxiv Andersen, Christopher. *The Good Son: JFK Jr. and the Mother He Loved.* 2015.

lxxv "Life of Jacqueline B. Kennedy." *Biblioteca y Museo Presidencial John F. Kennedy.* https://www.jfklibrary.org/JFK/Life-of-Jacqueline-B-Kennedy.aspx. *Fecha de consulta: julio 24, 2017.*

lxxvi Beasley, Maurine. *First Ladies and the Press: The Unfinished Partnership of the Media Age.* 2005.

lxxvii Beasley, Maurine. *First Ladies and the Press: The Unfinished Partnership of the Media Age.* 2005.

lxxviii Tina Flaherty. *What Jackie Taught Us: Lessons from the Remarkable Life of Jacqueline.* 2004.

lxxix Beasley, Maurine. *First Ladies and the Press: The Unfinished Partnership of the Media Age.* 2005.

lxxx Adler, Bill. *The Eloquent Jacqueline Kennedy Onassis: A Portrait in Her Own Words.* 2009.

lxxxi Adler, Bill. *The Eloquent Jacqueline Kennedy Onassis: A Portrait in Her Own Words.* 2009.

lxxxii Beasley, Maurine. *First Ladies and the Press: The Unfinished Partnership of the Media Age.* 2005.

lxxxiii Hunt, Amber, and David Batcher. *Kennedy Wives: Triumph and Tragedy in America's Most Public Family.* 2014.

lxxxiv "Return of the Jackie Look-Sort of Fashion from A-Line Dresses to Fitted Jackets." *Newsweek.* Agosto 28, 1994. http://www.newsweek.com/return-jackie-look-sort-fashion-line-dresses-fitted-jackets-187932. *Fecha de consulta: agosto 9, 2017.*

lxxxv Hunt, Amber, and David Batcher. *Kennedy Wives: Triumph and Tragedy in America's Most Public Family.* 2014.

lxxxvi Beasley, Maurine. *First Ladies and the Press: The Unfinished Partnership of the Media Age.* 2005.

lxxxvii Hunt, Amber, and David Batcher. *Kennedy Wives: Triumph and Tragedy in America's Most Public Family.* 2014.

lxxxviii Beasley, Maurine. *First Ladies and the Press: The Unfinished Partnership of the Media Age.* 2005.

lxxxix Schwalbe, Carol B. "Jacqueline Kennedy and Cold War Propaganda." *Journal of Broadcasting and Electronic Media.* 2005.

xc Beasley, Maurine. *First Ladies and the Press: The Unfinished Partnership of the Media Age.* 2005.

xci "Jacqueline Kennedy in the White House." *Biblioteca y Museo Presidencial John F. Kennedy.* https://www.jfklibrary.org/JFK/JFK-in-History/Jacqueline-Kennedy-in-the-White-House.aspx. Fecha de consulta: Agosto 2, 2017.

xcii "Jacqueline Kennedy in the White House." *Biblioteca y Museo Presidencial John F. Kennedy.* https://www.jfklibrary.org/JFK/JFK-in-History/Jacqueline-Kennedy-in-the-White-House.aspx. Fecha de consulta: Agosto 2, 2017.

xciii "Jacqueline Kennedy in the White House." *Biblioteca y Museo Presidencial John F. Kennedy.* https://www.jfklibrary.org/JFK/JFK-in-History/Jacqueline-Kennedy-in-the-White-House.aspx. Fecha de consulta: Agosto 2, 2017.

xciv "Jacqueline Kennedy in the White House." *Biblioteca y Museo Presidencial John F. Kennedy.* https://www.jfklibrary.org/JFK/JFK-in-History/Jacqueline-Kennedy-in-the-White-House.aspx. Fecha de consulta: Agosto 2, 2017.

xcv Abbott, James, and Elaine Rice. *Designing Camelot: The Kennedy White House Restoration.* 1997.

xcvi Abbott, James, and Elaine Rice. *Designing Camelot: The Kennedy White House Restoration.* 1997.

xcvii "Jacqueline Kennedy in the White House." *Biblioteca y Museo Presidencial John F. Kennedy.* https://www.jfklibrary.org/JFK/JFK-in-History/Jacqueline-Kennedy-in-the-White-House.aspx. Fecha de consulta: Agosto 2, 2017.

xcviii "Little-Known Facts About Our First Ladies." *National First Ladies' Library.* http://www.firstladies.org/facinatingfacts.aspx. Fecha de consulta: Agosto 2, 2017.

xcix Beasley, Maurine. *First Ladies and the Press: The Unfinished Partnership of the Media Age.* 2005.

c Goodman, Jon, Hugh Sidey, and Letitia Baldridge. *The Kennedy Mystique: Creating Camelot: Essays.* 2006.

ci "Nation: La Presidente." *Time.* http://content.time.com/time/magazine/article/0,9171,938093,00.html. Fecha de consulta: Agosto 2, 2017.

cii Blair, W. Grainger. "Just an Escort, Kennedy Jokes as Wife's Charm Enchants Paris; First Lady Wins Bouquets From Press—She Also Has Brief Chance to Visit Museum and Admire Manet." *The New York Times.* Junio 3, 1961. http://query.nytimes.com/gst/abstract.html?res=9403E4DE1730EE32A25750C0A9609C946091D6CF&legacy=true. Fecha de consulta: Agosto 2, 2017.

ciii "First Lady Biography: Jackie Kennedy." *National First Ladies' Library.* http://www.firstladies.org/biographies/firstladies.aspx?biography=36. Fecha de consulta: Agosto 2, 2017.

civ Meagher, Michael, and Larry D. Gragg. *John F. Kennedy: A Biography.* 2011.

cv Glass, Andrew. "Jacqueline Kennedy Begins South Asia Trip, March 12, 1962." *Politico.* 12 March 2015. http://www.politico.com/story/2015/03/this-day-in-politics-march-12-1962-115982. Fecha de consulta: Agosto 7, 2017.

cvi Bugliosi, Vincent. *Four Days in November: The Assassination of John F. Kennedy.* 2007.

cvii "Selections from Lady Bird's Diary on the Assassination." *Lady Bird Johnson: Portrait of a First Lady.* 22 November 1963. http://www.pbs.org/ladybird/epicenter/epicenter_doc_diary.html. Fecha de consulta: Agosto 7, 2017.

cviii "Testimony of Clinton J. Hill, Special Agent, Secret Service." *Warren Commission Hearings.* http://www.aarclibrary.org/publib/jfk/wc/wcvols/wh2/html/WC_Vol2_0070b.htm. Fecha de consulta: Agosto 7, 2017.

cix "Mrs. John F. Kennedy." *Warren Commission Hearings, Volume V."* http://www.maryferrell.org/showDoc.html?docId=40&relPageId=190. Fecha de consulta: Agosto 7, 2017.

^{cx} "Selections from Lady Bird's Diary on the Assassination." *Lady Bird Johnson: Portrait of a First Lady*. 22 November 1963. http://www.pbs.org/ladybird/epicenter/epicenter_doc_diary.html. Fecha de consulta: Agosto 7, 2017..

^{cxi} "Selections from Lady Bird's Diary on the Assassination." *Lady Bird Johnson: Portrait of a First Lady*. 22 November 1963. http://www.pbs.org/ladybird/epicenter/epicenter_doc_diary.html. Fecha de consulta: Agosto 7, 2017..

^{cxii} "Selections from Lady Bird's Diary on the Assassination." *Lady Bird Johnson: Portrait of a First Lady*. 22 November 1963. http://www.pbs.org/ladybird/epicenter/epicenter_doc_diary.html. Fecha de consulta: Agosto 7, 2017.

^{cxiii} "Selections from Lady Bird's Diary on the Assassination." *Lady Bird Johnson: Portrait of a First Lady*. 22 November 1963. http://www.pbs.org/ladybird/epicenter/epicenter_doc_diary.html. Fecha de consulta: Agosto 7, 2017.

^{cxiv} Caro, Robert. A. *The Passage of Power: Volume 4 of The Years of Lyndon Johnson*. 2013.

^{cxv} Hilty, James. *Robert Kennedy: Brother Protector*. 2000.

^{cxvi} Hunt, Amber, and David Batcher. *Kennedy Wives: Triumph and Tragedy in America's Most Public Family*. 2014.

^{cxvii} Hunt, Amber, and David Batcher. *Kennedy Wives: Triumph and Tragedy in America's Most Public Family*. 2014.

^{cxviii} Lewis, Anthony. "Warren Commission Finds Oswald Guilty and Says Assassin and Ruby Acted Alone." *The New York Times*. Septiembre 28, 1964.

^{cxix} White, Theodore H. "For President Kennedy: An Epilogue." *Life*. Diciembre 6, 1963.

^{cxx} White, Theodore H. "For President Kennedy: An Epilogue." *Life*. Diciembre 6, 1963.

^{cxxi} Andersen, Christopher. *The Good Son: JFK Jr. and the Mother He Loved*. 2015.

^{cxxii} Tracy, Kathleen. *The Everything Jacqueline Kennedy Onassis Book: A Portrait of an American Icon*. 2008.

^{cxxiii} Badrul Alam, Mohammed. *Jackie Kennedy: Trailblazer*. 2006.

^{cxxiv} Little, Harriet Fitch. "Jacqueline Kennedy's Charm Offensive." *The Phnom Penh Post*. Marzo 21, 2015.

^{cxxv} Leaming, Barbara. *Jacqueline Bouvier Kennedy Onassis: The Untold Story*. 2014.

^{cxxvi} Hersh, Burton. *Edward Kennedy: An Intimate Biography*. 2010.

^{cxxvii} Spoto, Donald. *Jacqueline Bouvier Kennedy Onassis: A Life*. 2000.

^{cxxviii} Tracy, Kathleen. *The Everything Jacqueline Kennedy Onassis Book: A Portrait of an American Icon*. 2008.

^{cxxix} Heymann, C. David. *American Legacy: The Story of John and Caroline Kennedy*. 2007.

^{cxxx} Flynt, Larry, and David Eisenbach. *One Nation Under Sex: How the Private Lives of Presidents, First Ladies and Their Lovers Changed the Course of American History*. 2011.

^{cxxxi} Morriss, John G. "Kennedy Claims Victory; and then Shots Ring Out." *The New York Times*. Junio 6, 1968. http://query.nytimes.com/gst/abstract.html?res=9404E1D91138E134BC4D53DFB0668383679EDE&legacy=true. Fecha de consulta: Agosto 8, 2017.

cxxxii Hill, Gladwin. "Kennedy is Dead, Victim of Assassin; Suspect, Arab Immigrant, Arraigned' Johnson Appoints Panel on Violence." *The New York Times*. 6 June 1968. http://www.nytimes.com/learning/general/onthisday/big/0605.html#article. Fecha de consulta: Agosto 8, 2017.

cxxxiii Seely, Katherine. "John F. Kennedy Jr., Heir to a Formidable Dynasty." *The New York Times*. Julio 19, 1999. http://www.nytimes.com/1999/07/19/us/john-f-kennedy-jr-heir-to-a-formidable-dynasty.html?pagewanted=all. Agosto 8, 2017.

cxxxiv Hunt, Amber, and David Batcher. *Kennedy Wives: Triumph and Tragedy in America's Most Public Family*. 2014.

cxxxv Tracy, Kathleen. *The Everything Jacqueline Kennedy Onassis Book: A Portrait of an American Icon*. 2008.

cxxxvi Silverman, Al. *The Time of Their Lives*. 2008.

cxxxvii Reeves, Richard. *Convention*. 1977.

cxxxviii Leaming, Barbara. *Jacqueline Bouvier Kennedy Onassis: The Untold Story*. 2014.

cxxxix Lawrence, Greg. *Jackie as Editor: The Literary Life of Jacqueline Kennedy Onassis*. 2011.

cxl Clinton, Hillary Rodham. *Living History*. 2003.

cxli Lewis, Kathy. "Jacqueline Kennedy Onassis Reaches out to President Clinton— She Ends Long Political Isolation." *Seattle Times Newspaper*. Agosto 25, 1993. http://community.seattletimes.nwsource.com/archive/?date=19930825&slug=1717693. Fecha de consulta: Agosto 8, 2017.

cxlii Leaming, Barbara. *Jacqueline Bouvier Kennedy Onassis: The Untold Story*. 2014.

cxliii Leaming, Barbara. *Jacqueline Bouvier Kennedy Onassis: The Untold Story*. 2014.

cxliv Leaming, Barbara. *Jacqueline Bouvier Kennedy Onassis: The Untold Story*. 2014.

cxlv Leaming, Barbara. *Jacqueline Bouvier Kennedy Onassis: The Untold Story*. 2014.

cxlvi Andersen, Christopher. *The Good Son: JFK Jr. and the Mother He Loved*. 2015.

cxlvii Bowles, Hamish. *Jacqueline Kennedy: The White House Years: Selections from the John F. Kennedy Library and Museum*. 2001.

cxlviii "Return of the Jackie Look-Sort of Fashion from A-Line Dresses to Fitted Jackets." *Newsweek*. Agosto 28, 1994. http://www.newsweek.com/return-jackie-look-sort-fashion-line-dresses-fitted-jackets-187932. Fecha de consulta: Agosto 9, 2017.

cxlix Collins, Amy Fine. "It Had to be Kenneth." *Vanity Fair*. Junio 1, 2003. https://www.vanityfair.com/news/2003/06/kenneth-battelle-hairdresser-jackie-kennedy. Fecha de consulta: Agosto 9, 2017.

cl "The International Best Dressed List: The International Hall of Fame: Women." *Vanity Fair*. 1965. https://web.archive.org/web/20130712215415/http://www.vanityfair.com/style/the-international-best-dressed-list/hall-of-fame-women. Fecha de consulta: Agosto 9, 2017.

cli "Jacqueline Kennedy: The White House Years." *Museo Metropolitano de Arte*. http://metmuseum.org/press/exhibitions/2000/jacqueline-kennedy-the-white-house-years. Fecha de consulta: Agosto 9, 2017.

clii Kifner, John. "Central Park Honor for Jacqueline Onassis." *The New York Times*. Julio 23, 1994.

cliii "Send a New Year's Message to the Moon on Japan's SELENE Mission: Buzz Aldrin, Ray Bradbury, and More Have Wished Upon the Moon." *Sociedad Planetaria*. Enero 11, 2007. http://www.planetary.org/pressroom/releases/2007/0111_Send_a_New_Years_Message_to_the_Moon.html. Agosto 9, 2017.

29656510R00044